CONSIDÉRATIONS

SUR

LES ARTS

DU

DESSIN EN FRANCE,

Suivies d'un plan d'Académie, ou d'Ecole publique, et d'un système d'encouragemens.

Par M. QUATREMERE DE QUINCY.

———————

A PARIS,

Chez DESENNE, libraire, au Palais-Royal.

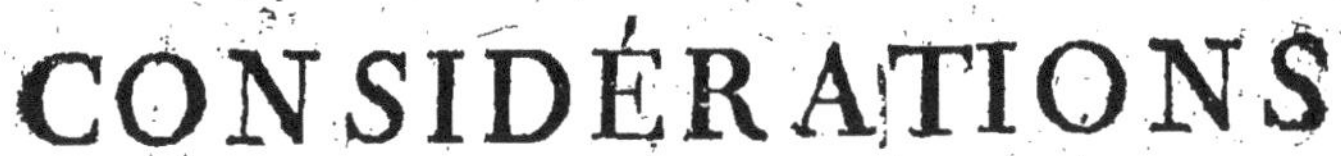

———————

De l'imprimerie de DEVAUX, rue de Chartres n°. 67.

1791.

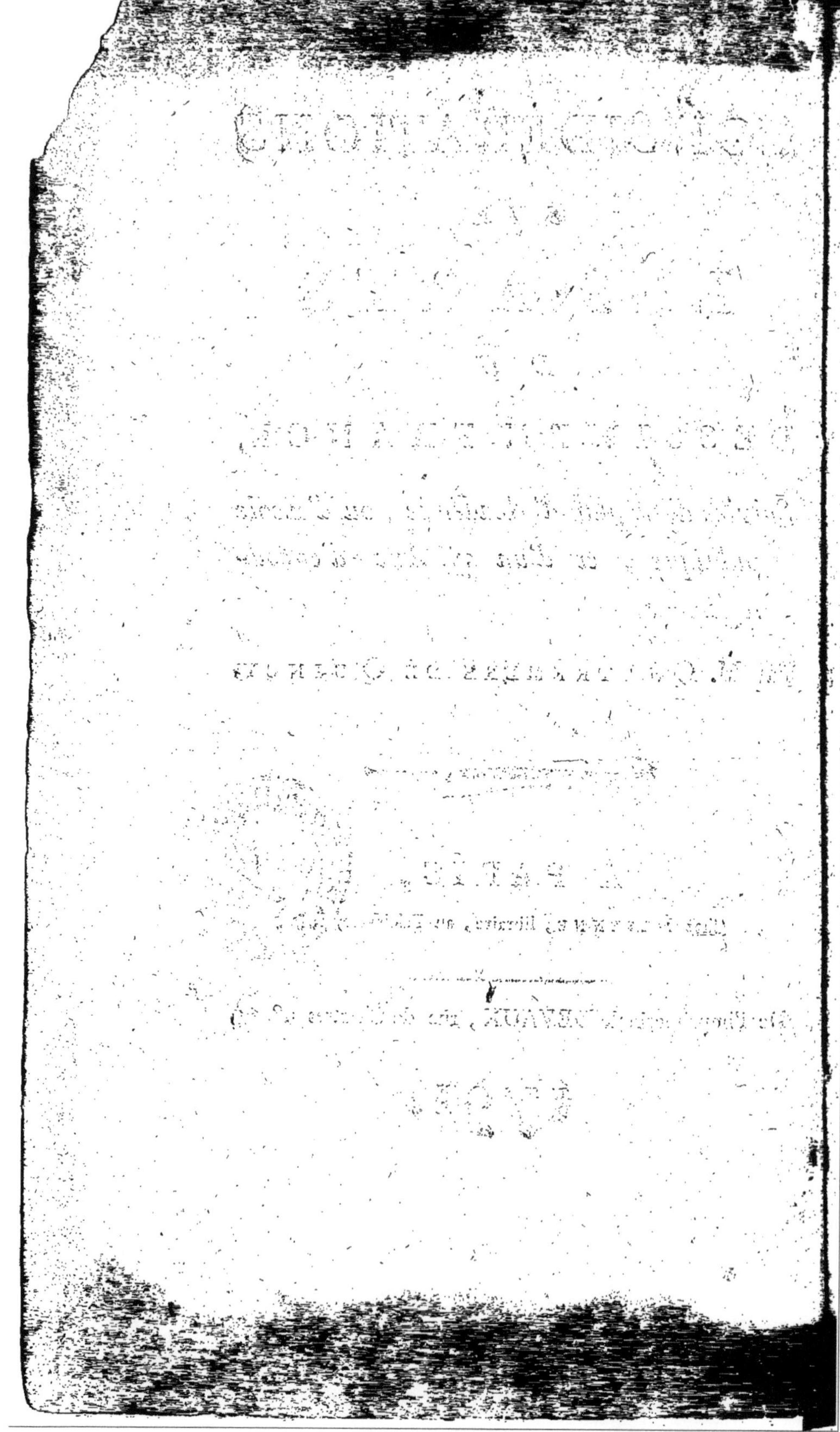

AVERTISSEMENT.

L'ASSEMBLÉE nationale , par son décret du   semble avoir laissé indécise la question relative à l'existence des aca-démies.

Cette indécision n'a pu résulter que du doute qu'elle a conçu sur l'utilité de la plus part de ces établisemens,

Prouver leur utilité , seroit donc prouver la nécessité de leur existence.

Les académies telles qu'on les connoît en France , peuvent s'envisager sous trois points de vue.

Du côté de la distinction honorifique qu'elles procurent aux hommes choisis pour en occuper les places.

Du côté de l'encouragement que ces distinctions et la réunion des hommes qui les reçoivent peuvent porter dans la culture des sciences, des lettres et des arts.

Du côté de l'enseignement gratuit et de l'instruction publique.

Plus une académie s'éloignera de ce dernier point de vue, pour se rapprocher uniquement du premier, plus son utilité devient indirecte et douteuse.

Plus une académie s'éloignera du premier point de vue, pour se concentrer dans le dernier, moins son utilité deviendra problématique.

L'académie de peinture et sculpture, et celle d'Architecture sont dans ce dernier cas ; elles sont donc du nombre de celles dont l'utilité peut devenir la moins équivoque.

L'assemblée nationale a voulu consulter les académies elles-mêmes, en les autorisant à lui présenter leur vœu, pour le systême de leur organisation.

L'académie de peinture et sculpture s'est vue alors livrée aux plus grandes agitations, et divisée en plusieurs partis.

La vérité qui sort ordinairement du choc des opinions, ne sort pas toujours du choc des passions et des intérêts. J'aurois peine à croire que les divers partis qui divisent en ce moment les artistes, puissent présenter à l'assemblée nationale autre chose que le résultat de leurs intérêts partiels. Cette assemblée courroit donc le risque d'être trompée ou mal instruite.

C'est dans la vue d'éclairer sa détermination et son jugement, qu'un homme connu par son impartialité sur l'objet des

A 3

disputes académiques, inaccessible aux craintes comme aux espérances qui décident le plus souvent de l'opinion des partis, versé depuis du tems dans la pratique des arts, constamment occupé de travaux littéraires, relatifs à leur théorie, et qui le forcent d'embrasser dans cette partie, depuis les plus petits détails scholastiques, jusqu'aux plus grands rapports spéculatifs, a résolu d'offrir à l'assemblée nationale le fruit de ses réflexions, sur la conservation, création, ou amélioration des établissemens relatifs à l'enseignement des arts du Dessin.

Cette partie de l'enseignement public se liant nécessairement au systême général de l'éducation, que l'assemblée nationale est sur le point d'organiser, on a cru ne devoir point épargner à ce mémoire l'étendue nécessaire au développement de tous les genres de considérations morales et politiques qui, jettant de la lumière sur une question importante, peuvent conduire à sa solution.

QUESTION.

La France a-t-elle besoin d'entretenir à ses frais une académie ou école publique des arts du Dessin ? Et quel seroit le mode le plus avantageux à adopter dans une semblable institution ?

INTRODUCTION.

L'ON appelle *arts du dessin*, pour les distinguer des autres arts, ceux qui employent essentiellement le secours de la main, et qui consistent dans l'imitation matérielle et intellectuelle de la nature; soit par le moyen des couleurs, soit par l'entremise de lignes et de contours tracés sur une superficie, ou résultans de la saillie de la matière.

Trois seuls arts ont droit à la dénomination *d'arts du dessin* : la peinture, la sculpture et l'architecture.

Ces trois arts ont des dérivations mais qui ne sauroient constituer des arts à part. Ainsi ce seroit par l'abus et par une suite de l'ignorance des notions élémentaires des arts qu'on feroit un art distinct de la gravure ; la gravure n'est qu'un mode de peinture. La différence d'agens et de procédés ne constitue pas un art différent ; autant vaudroit dire que la gravure en pierre dure n'est pas de la sculpture, parce qu'elle emploie le tour au lieu du ciseau. La statuaire formeroit aussi un art différent de la sculpture, parce qu'elle emploie les métaux au lieu des pierres. Il n'y a que trois arts essentiellement distincts par la diversité de leur patrimoine, et qui seuls peuvent s'appeller *arts du dessin*. Je les ai nommés.

Ces trois arts dont on ne développera ici ni la nature, ni les principes, ni les élémens, ni les agens, ni les effets, ni les relations réciproques, ont toujours été mis au rang des arts du génie, parce que, malgré ce qu'ils semblent avoir de plus matériel que les autres dans l'objet de leur imitation ; cette imitation ne sauroit, comme dans les arts de la main, se réduire à l'action servile de copiste, ils cesseroient d'être ce qu'ils sont, s'ils pouvoient, par n'importe quel secret, devenir le résultat d'une imitation méchanique et de procédés fixes et déterminés. Quoiqu'on appelle aussi ces arts, *arts d'imitation*, c'est plutôt pour les distinguer de ceux où l'invention semble plus indépendante des sujétions de la matière, que pour indiquer en eux une essence insusceptible d'invention. L'imitation, dans les arts du dessin, ne sauroit jamais se séparer de l'invention.

Il me seroit très-essentiel, pour ce que j'ai à dire dans la suite, d'insister sur l'opinion quon doit prendre des arts du dessin relativement au génie et à l'invention qui en sont les principaux agens. Je ne me permettrai point cependant sur cet objet de preuves qui sembleroient donner à croire que la nation en auroit besoin, et que le commun des hommes pourroit douter que les arts du dessin dépendent essentiellement du génie.

Ceci au reste ne s'adresse qu'à ceux qui voudroient envisager ces arts sous les seuls rapports de l'industrie commerciale des besoins politiques et des nécessités sociales. J'indiquerai avec détail tous ces rapports d'utilité ; mais je ne saurois m'empêcher de dire d'avance, que, dans l'intention supposée de protéger et de favoriser ces arts, on risqueroit de les protéger mal, si on ne les connoissoit pas bien ; que cela arriveroit infailliblement, comme cela est déja arrivé, si l'on n'accueilloit que dans la vue de l'utilité industrielle et des relations économiques, des arts dont la délicatesse exige au moins qu'on leur laisse ignorer le secret de ce genre de protection.

Dès que ces arts sont des productions du génie, on ne sauroit trop prévenir ceux qui voudroient en favoriser la culture, qu'il n'est pas rare de voir entre les mains de cultivateurs mal-adroits, ces fruits conserver leur figure, lorsqu'ils ont perdu leur saveur. On verra dans la suite où tout ceci s'expliquera, pourquoi j'insiste en ce moment sur la nécessité d'apprécier, comme il convient, des arts qu'il vaut mieux mépriser tout-à-fait, qu'estimer à demi ; qu'il vaut mieux ignorer, que de mal connoître, qu'on risque plus à protéger mal-habilement qu'à négliger, et qu'on protégera toujours mal quand on n'en connoîtra pas la véritable essence.

La question qui va faire le sujet de cet écrit se divisant en deux objets, le partagera aussi en deux parties. On examinera dans la première le besoin que la France a de cultiver et d'encourager les arts du dessin, et dans la seconde, le mode de culture et d'encouragement le plus favorable.

Mais la première partie de la question ne sauroit se résoudre sans la solution xiv

préalable de quelques autres questions im
plicitement renfermées dans la première.

S'il s'agissoit de se décider à exploiter
une mine, la première chose à consulter,
seroit de savoir si l'on a les instrumens,
les ressources, les moyens nécessaires à
une telle entreprise. Ensuite, il faudroit
en calculer l'utilité, c'est-à-dire, les pro-
fits et les pertes qui peuvent résulter de
l'exploitation.

Telle sera la marche que va suivre cet
essai de théorie, où je rechercherai
qu'elles sont les causes et les conditions
indispensables au succès des arts du
dessin, quelle est la mesure de la
France à cet égard, quel intérêt elle
trouve dans l'exercice de ces arts, quels
moyens elle peut employer à leur culture,
et quel sera le mode des institutions qui
favoriseront cette culture.

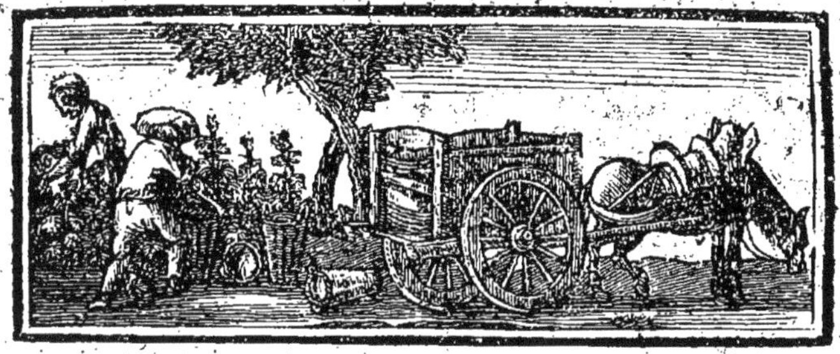

CONSIDÉRATIONS

SUR

LES ARTS

DU

DESSIN EN FRANCE.

PREMIERE PARTIE.

CHAPITRE PREMIER.

Quelles sont les causes et les conditions indis-
pensables au succès des arts du dessin ?

Tous les arts en général, mais particulièrement ceux du dessin dépendent de plusieurs

causes physiques et morales qui ne sauroient exister ni se produire au même dégré chez les différens peuples de la terre. Ces causes peuvent se diviser en causes essentielles, et causes secondaires.

Cause essentielles. Les premières sont celles d'où dépendent les conditions indispensables au développement des arts, c'est-à-dire, à l'invention et à l'imitation. Les secondes sont celles qui favorisent plus ou moins ce développement.

Invention. Rien n'est soumis à plus d'inégalité et de disproportion chez les différens peuples que les causes principales de l'invention. Cependant l'invention ou la somme des facultés imaginatives seroit susceptible de se soumettre, dans chaque pays, à un calcul fondé sur les dégrés de la température, (j'avertis que je ne présente ici que le résumé le plus succinct d'une théorie générale ; je donne des résultats et non des développemens). Tant que la raison ne sera point parvenue à séparer distinctement l'action des facultés morales, de l'action qu'exercent sur elles les facultés physiques, il faudra bien regarder toujours

jours la partie morale de l'homme comme su-
bordonnée à toutes les influences des causes physiques. Ainsi le soleil, principe de toute vie et
de tout mouvement dans la nature, a toujours
semblé être le moteur principal de cette action
de ce mouvement, qui, dans les régions morales,
s'apelle, selon la diversité de ses élémens ou de
ses effets, génie, imagination ou invention. Les
faits et l'expérience viennent avec évidence à
l'appui de ce principe.

En effet, si vous embrassez d'un coup d'œil
tous les peuples de la terre sous le rapport de
leurs facultés inventives, vous verrez que la nature en a mis la mesure exacte dans celle des
causes physiques. Voyez sous les zones brûlan-
tes de l'équateur, fermenter avec excès depuis
l'existence connue du monde, tous les élémens
du génie. Avec quelle impétuosité s'y choquent
tous les résultats de la pensée ! comme le langage
simple de ces peuples est devenu la poésie des
autres ! comme l'expression vulgaire de leurs
idées nous paroît l'effort d'une articulation surnaturelle ! Voyez leur écriture devenir ailleurs
l'élément de la peinture ; voyez les jeux habi-
tuels de leur pinceau devenir pour d'autres les
tours de force, les métaphores de l'art. Et
aussi qu'elle inépuisable fécondité caractérise

B

leurs facultés ! Comme se pressent et s'étouffent, dans leur active reproduction, tous les germes de l'invention. Comme les efforts de leur imagination inséparables du gigantesque et du merveilleux, semblent sortir du cercle de toutes les vraisemblances et des règles de l'imitation ! On diroit que, blessés de l'éclat du soleil, les yeux de ces peuples n'ont jamais su voir la nature qu'au milieu des vertiges de l'éblouissement.

Passons subitement vers ces climats que le soleil ne visite qu'obliquement, et n'éclaire qu'à regret. Les voyez vous frappés de l'éternelle stérilité du génie. Et que pourroit dans ce deuil de la nature, chanter le génie de la poésie, que la triste élégie du genre humain, et qu'auroit à exprimer celui de la peinture sous les habits funèbres qui ternissent toutes ses couleurs, que les tons livides de la mort ?

Puisqu'on ne peut méconnoître cette action de la nature sur les causes de l'invention dans ces deux points extrêmes, avouons que si cette même action est moins sensible dans tous les points intermédiaires où se trouvent placés les autres peuples, cela vient de ce que la nature n'y agit que par teintes, au lieu de ces tons décidés qui, dans le raprochement que je viens de faite, frappent tous les yeux. La disparité des couleurs entières se saisit aisément ; il faut un œil exercé pour distinguer les nuances?

Quand la nature n'établiroit pas jusqu'à l'évidence, les causes de la diversité des facultés inventives de chaque peuple, l'histoire et l'expérience nous forceroient encore de les reconnoître.

Qui oseroit dire que c'ait été par l'effet du hazard, que le juste milieu de toutes les qualités qui peuvent concourrir à la perfection des arts s'est rencontrée en Grèce , ce pays placé par la nature au point moyen entre les propriétés excessives dont on vient de parler?

Seroit-ce aussi par hazard que transportés de Grèce dans les régions plus froides de l'Italie, ces arts y auroient contracté plus de froideur et d'insipidité ?

Et lors du renouvellement des arts chez les modernes , faudroit-il en suivant leur cours depuis la moderne Italie qui les reproduisit tous , jusque chez les peuples les plus septentrionaux de l'Europe , faire voir comment , semblables à un métal en fusion qui se refroidit en proportion de l'éloignement du fourneau , ils ont marqué d'eux-mêmes par le plus ou le moins de chaleur d'invention , leur dégré d'éloignement du sol qui peut les feconder?

Reconnoissons que les arts , comme tous les fruits de l'imagination , sont toujours nés sous les climats qui furent aussi le foyer de toutes les superstitions.

Nous n'irons donc pas, calculant géographiquement les facultés des peuples , appliquer en détail à chacun d'eux cette mesure , pour en démontrer la justesse. Cet aperçu général suffit aux conséquences qu'on doit en tirer. Il nous donnera le plus sûr de tous les thermomètres pour pouvoir apprécier nous mêmes nos facultés inventives , sans craindre les dépréciations de la mauvaise foi , ni les jactances de l'amour propre.

Après avoir vu dequoi dépend essentiellement l'invention ce principe créateur de a rts , cherchons de quoi dépend aussi le succès de l'imitation , but et instrument en même tems des arts du dessin.

Imitation.

L'imitation ou le penchant qui porte à imiter , est naturel à tous les hommes. Il est presqu'un des principes conservateurs de tous les êtres ; il l'est sur-stout de la société : l'homme ne fait autre chose qu'imiter. Les générations semblent ne se succéder que comme des copies les unes des autres. La science des moralistes et celle des législateurs, n'a pour ainsi-dire d'autre but que de diriger cet esprit d'imitation qui nait avec l'homme. Il ne faut pas s'étonner si le goût des arts a été de tout tems et de tout pays. Les arts sont les singes de l'homme ; il doit les aimer par la raison qu'il s'aime lui-même , ainsi l'amour propre chérit la glace fidèle qui lui répète son image.

Les arts peuvent donc se considérer comme des miroirs où l'homme aime à se voir. D'après ce sentiment naturel, le goût des arts doit être par-tout plus ou moins fort, selon le plus ou le moins de perfection ou de fidélité de ces miroirs, ou selon les causes qui peuvent rendre plus ou moins agréable à ceux qui s'y regardent, la répercussion de leurs images.

Il s'en faut bien, d'après cela, que tous les peuples puissent éprouver au même dégré sur cet objet et les mêmes desirs et les mêmes jouissances.

Il est des climats où les miroirs de l'art restent dans un état d'imperfection, telle , que les images de la nature ne s'y répéteroient que sous les teintes décolorées qui doivent en rendre la vue insipide. Et ces climats sont ceux aussi où la nature dénuée de ses charmes est privée de tout ce qui peut en rendre la copie attrayante.

Mœurs. Il est des mœurs aussi qui inspirent plus ou moins aux hommes ce désir de se voir représentés. L'action des mœurs sur le succès et le goût de l'imitation par les arts du dessin, est de deux genres, l'une physique et l'autre morale.

Leur influence physique. L'influence physique des mœurs est celle que tout le monde peut apercevoir et sentir, comme lorsque l'opinion de la décence établit chez un peuple la plus grande contradiction entre ses habitudes et les images de la nature nue. Cette opinion que fortifient l'éducation et les idées religieuses, a, plus qu'on ne pense sa source dans les causes physiques. La représentation de la nudité révolte d'autant plus la vue, qu'elle répugne plus au climat. Quoiqu'on puisse dire à cet égard, les mesures de la pudeur publique reposent plus qu'on ne pense sur les dégrés de la température. Mais l'imitation, trouvera aussi dans la force plus ou moins grande de cette opinion, la mesure du plaisir qu'elle produira, et du succès qu'elle peut espérer. Ce plaisir et ce succès peuvent donc se calculer en quelque sorte géographiquement; la vue d'une statue nue, peut aller jusqu'à procurer une sensation pénible à l'habitant de la Sibérie.

Les mœurs mettent d'autres obstacles matériels aux plaisirs de l'imitation. Ces obstacles consisteront quelquefois dans la nature et la forme des habillemens. Il en est qui sont entièrement antipathiques avec l'imitation. La réforme des habillemens chez un peuple est cependant presqu'impossible à espérer. On a vu de tout tems les hommes tenir plus à leurs habits qu'à leurs loix. Il n'y a que l'action du despotisme ou de la conquête, qui puisse opérer des révolutions en ce genre. Lorsqu'elles arrivent, il faut aussi que tout le systéme des habitudes change tout à la fois chez un peuple. Mais il est des habitudes sociales; il en est d'autres liées à l'art militaire, qu'un peuple ne sauroit changer de lui même, ni subitement.

Leur influence morale.

Les habitudes sociales influent aussi d'une manière morale et indirecte sur l'imitation qui est la fin et l'agent des arts du dessin.

Les hommes, ai-je dit, aiment les arts comme des miroirs; ils aiment à s'y voir, mais ils veulent s'y voir en beau. Mais l'action de la société sur les hommes, en dénaturant leurs goûts, en modifiant leurs penchans, en comprimant leurs affections, en donnant à toutes leurs facultés une direction étrangère à leur tendance naturelle, fait de l'homme un être très-différent de l'homme de la nature. Ce masque que la société met à tous les hommes, plait dans le cercle de la société. L'habitude de se voir ainsi, forme un genre de beauté conventionelle que la plus part des hommes prend pour la beauté de la nature. Cependant l'imitation de pareils hommes, n'est plus qu'une imitation factice et menteuse, qui perd à la fin de son charme, pour ceux mêmes qui en sont l'objet, en proportion de ce que le modèle de la nature se cache sous les déguisemens de la société. Ainsi les originaux plaisent encore que les copies ne trouvent plus d'admirateurs.

Le secret de ce discrédit des arts d'imitation, et du dégout qu'ils procurent, échappe à la plupart des hommes, qui se contentent de ne plus concevoir d'où vient cette différence des miroirs de leur tems avec ceux des anciens. Le peuple enfin s'en prend à eux de sa difformité; il reproche au portrait les vices de sa figure. Ainsi l'on accuse les artistes d'ignorance ou de mal adresse:

on dit que les arts sont dégénérés, et l'on ne se permet point de croire que la nature puisse l'être.

J'ignore jusqu'à quel point de vraisemblance on pourroit porter ce systême de dégénération dans la nature prise en général : mais ce que je soutiens, c'est qu'il en arrive une partielle dans toutes les sociétés d'hommes, et que cette dégénération (relativement aux arts) croît et se fait sentir en proportion des progrès de la civilisation, ou de ce qu'on appelle le perfectionnement de la société.

Je m'explique. A mesure qu'une société quelconque s'éloignera des habitudes de la nature ; à mesure que le nombre des convenances sociales augmentera, et que les besoins se multiplieront en se décomposant, vous verrez l'homme social faire disparoître l'homme de la nature. Plus les ressources de la société parviennent à remplacer les ressources individuelles et à en dispenser, plus aussi l'homme individuel se rapetisse dans le miroir de l'art. Plus il entre de moralités dans les combinaisons d'une société, plus les rapports et les conditions essentielles de l'imitation diminuent. Cet effet résulte de l'échange sans cesse croissante, et de l'abandon que l'homme en société fait et doit faire de ses facultés individuelles , contre les facultés collectives qu'il retire de tous les agens de la société.

Ainsi, pour donner un exemple, lorsque les choses en seront venues dans une société, au point que le chef d'une armée pourra être un homme chétif, foible et même contrefait, sans cesser d'être digne de ce poste , lorsqu'enfin on peut être dans ce genre un grand homme sans être un homme grand , dites que cette société a passé l'époque des mœurs favorables, aux arts d'imitation.

Alors toutes les forces de l'homme prennent une direction contraire à celle de la nature. Les passions s'atténuent par la nécessité où elles sont de se déguiser. La manifestation des affections perd toute son énergie dans les signes extérieurs. Le courage devient un calcul, la vertu une théorie. Le savoir prend la place de la sagesse, la science des mots devient celle des choses. Une sorte de niveau plus propre à rapetisser les grands, qu'à aggrandir les petits, s'établit entre les hommes. Et ce niveau résulte de ce qu'en société la force individuelle décroît en proportion de ce qu'augmente la force collective. Vérité aussi frappante dans le système moral, que dans le système politique.

Toutes les forces ou facultés phisiques ve-
nant, à la fin, à s'échanger contre les forces ou
facultés morales, les arts d'imitation, sur-tout
ceux du dessin, perdent enfin de vue leur modèle. Quelquefois le plus grand homme
dans l'ordre moral sera le plus méprisable à leurs
yeux, et ce qui peut perdre tout-à-fait ces arts,
c'est de les condamner à une pareille imitation.

L'on sent combien des arts qui ne peuvent
exprimer les qualités morales que par l'entremise des formes matérielles, doivent être d'accord avec ces tems et ces mœurs, où l'ana-
logie des facultés morales et physiques, est constamment et nécessairement sensible ; l'on sent
combien cette espèce de deviation que l'action
de la société produit dans les facultés de l'homme,
et cet échange dont on a parlé, nuisent et au succès
de l'imitation et au plaisir que l'homme y
cherche. Ces idées un peu abstraites auroient
besoin de plus de développement. J'aurai occasion d'y revenir, en appliquant les résultats de
cette théorie à la question que je discute.

Dans l'examen de tout ce qui peut concourir
à donner à un peuple la mesure de ses moyens
et de ses facultés relativement à l'acquisition ou
à la conservation des arts du dessin, les causes
ou conditions qu'on vient de parcourir, sont

bien les premières de toutes, mais elles ne sont pas à beaucoup près les seules qui en favorisent le développement. Jettons un coup d'œil rapide sur celles qu'on a appellé les causes secondaires.

Causes secondaires. Les arts, et sur-tout ceux du dessin, éprouvent plus ou moins de faveur chez les différens peuples, selon qu'ils parviennent à se lier plus étroitement avec les besoins de la société. Les causes qui peuvent produire cette liaison, sont de trois sortes, et peuvent se diviser en *causes morales*, *causes religieuses* et *causes politiques*.

Causes morales. Les causes morales seroient très-nombreuses, si l'on vouloit les détailler toutes. La plus importante et celle qui en renferme peut-être le plus, est la juste correlation de ces arts avec les besoins de la société. Ce seroit le lieu de rechercher, dans l'examen de leur origine, le principe de cette liaison, si une telle digression n'étoit de nature à nous emporter hors de notre sujet. Cependant il faut dire que les arts du dessin doivent et ont dû véritablement leur origine aux besoins de l'écriture. Réduits d'abord à n'être, par l'indication grossière des objets, que le signe informe des plus simples idées, ils devinrent, après la découverte des lettres, les caractères consacrés du génie, et comme l'écriture privilégiée des plus hautes conceptions. L'histoire, la politique, la religion s'en emparèrent. Ceci n'a rien de systématique, mais est fondé sur les monumens. Que furent la sculpture et la peinture dans l'Egypte et dans l'Asie ? un mode d'écriture retenu dans son état d'imperfection, par le peu de progrès de l'écriture littérale, et aussi par plusieurs des causes qui peuvent par-tout s'opposer aux progrès de l'imitation.

Lorsque ces arts sont trop matériellement liés aux besoins de l'écriture, ils deviennent, si l'on peut dire, les esclaves de la société. Timidement asservie à l'empire de la nécessité, leur perfection ne s'élève que jusqu'à celle du méchanisme et des procédés techniques qui les enchaînent ; ils ne sauroient arriver jusqu'à l'imitation du vrai.

Le génie ne sauroit s'en emparer. Les figures ne sont que des lettres et les statues des monogrammes. C'est ce qui fut en Egypte.

Mais, lorsqu'un mode d'écrire économique et abrégé fut parvenu à fixer la pensée par des traits représentatifs des signes, et que l'écriture littérale eut pris son essort, l'indication des objets par signes, devint tributaire d'un nouvel ordre de choses. Ce fut alors que, par une espèce de contre-révolution, cette écriture devint véritablement hiéroglyphique ou sacrée; ses caractères eurent pour ressort tout le domaine des conceptions les plus métaphisiques. Par la découverte du beau idéal, ces arts s'attribuerent le pouvoir de rendre la divinité visible. Interprétes éloquens de sa nature, de ses attributs, de ses perfections, ils n'abaissèrent Dieu jusqu'à l'homme, que parce qu'ils avoient su élever l'homme jusqu'à Dieu. Chantres sublimes des héros et de leurs victoires, ils les investirent de leur immortalité. Dépositaires de la gloire des peuples, ils en devinrent les historiens; ils servirent enfin la société sous tous les rapports attachés au langage le plus éloquent et le plus énergique qui fut jamais.

Ce fut sous les relations d'une semblable utilité que les arts du dessin s'élevèrent dans certains pays. Ce fut alors que, dégagés des entraves grossières de l'écriture figurée, associés à tous les genres d'éloquence et de poésie, initiés aux dogmes religieux , ministres de toutes les superstitions, dispensateurs de toutes les gloires, alliés à tous les plaisirs , mêlés à tous les actes civils , politiques et religieux, ils s'incorporerent avec tous les besoins de l'ordre social. Ce n'est pas au milieu de pareilles circonstances que les questions que nous agitons ici pourroient s'élever. Tous les rapports d'une utilité secondaire et indirecte qui peuvent décider aujourd'hui de la culture ou de l'encouragement des arts n'étoient pas même apperçus du peuple qui en recevoit directement de si grands effets. Faire des monumens, des statues, des tableaux, n'est alors que parler et écrire. Et alors faire valoir, en faveur des arts , les avantages de commerce et leur relation avec les produits d'une industrie subalterne, eût été aussi puérilement ridicule, qu'il le seroit de prétendre nous prouver aujourd'hui l'utilité de l'écriture, par cela qu'on vend des livres ou qu'on fabrique du papier.

La co-relation des arts du dessin avec les besoins essentiels de la société , voilà la première et la plus forte des causes morales productrices des arts. Lorsque ces arts favorisent aussi puissamment la société , la société n'a pas besoin de les protéger. Toutes les causes alimentaires des arts du dessin se trouvent dans le développement de ce que je viens de dire.

Quel vaste champ la superstition va ouvrir aux efforts de l'imitation, à l'invention des artistes et au développement des arts ! loin d'eux ces religions dont les dogmes sont des abstractions, qui glacent l'imagination, attristent la raison qu'elles tiranisent et les sens qu'elles contrarient! Loin d'eux ces cultes spiritualisés qui rejettent l'intervention des sens, ces cérémonies épurées qui dédaignent et repoussent jusqu'aux voiles de l'allégorie ! Loin d'eux toute religion dont la vérité simple et nue fera la base, ou pour mieux dire, loin de cette religion sainte, ce cortège d'enchanteurs qui ne vit que de prestiges, nourrit la folle crédulité du peuple, et lui fait prendre les ombres pour les réalités ! Bientôt, sous leur empire, la terre va se peupler d'habitans nouvéaux : que dis-je? un nouveau monde va se créer ; deux univers vont se disputer l'existence: sous la main vivi-fiante de ces fertiles magiciens, tous les corps inanimés vont prendre un esprit, et tout ce qui est esprit va se revêtir d'un corps. Mais de ce cahos de deux mondes qui s'entrechoquent, sor-tiront toutes ces aimables erreurs, toutes ces riantes illusions, tous ces élémens nouveaux de combinaisons ingénieuses, qui vont accroître la dot des arts : de nouveaux tons vont colorer l'univers ; tout va s'animer, pour multiplier le

nombre

nombre des êtres, pour aggrandir la sphère de
’ imitation et embellir ses résultats.

Voilà l’effet des arts sur la religion ; qu’on juge
alors des effets de la religion sur les arts : mais
ils vivent aussi des causes politiques. Ces causes
pour produire toute leur action devront être de
deux sortes, celles du gouvernement et celles
des institutions ou usages qui en sont le fruit.

Je ne veux point parler ici de l’action morale
du gouvernement sur le génie des hommes,
action incontestable et visible à tous, et qu’on
peut mettre au rang des causes premières qui
influent sur les arts. Le gouvernement qui donne
à toutes les facultés de l’homme le plus grand
ressort, est celui qui repose sur les vrais principes de la liberté. Mais un gouvernement libre
peut se développer sous des formes plus ou
moins favorables aux arts du dessin. La plus
propice à leur succès sera sans contredit la forme
populaire ou démocratique. On a remarqué que
le goût pour les arts d’imitation tenoit sur-tout
au besoin que les hommes en ont. Un des ser-
vices que les arts rendent aux hommes, est de
flatter leur passion pour la gloire et pour l’immortalité. Par-tout où il peut y avoir un homme
sans aucune espece de comparaison plus grand
que les autres, il s’empare de ces moyens de

C

gloire, ils deviennent comme les prérogatives exclusives de son rang. La flatterie les lui fait regarder comme son patrimoine, et le préjugé le consacre en privilège auquel les simples citoyens n'ont pas même l'idée de prendre part. Mais chez un peuple roi, ces distinctions flatteuses dont les arts sont les instrumens, se multiplient autant que la souveraineté se subdivise, nul ne pouvant avoir à aucun genre d'honneur, même dans l'opinion, un droit exclusif, la passion de l'égalité multiplieroit ces signes d'honneur, quand celle de la vertu ne suffiroit pas à en augmenter le nombre.

Quant aux autres causes politiques, protectrices des arts du dessin, je crois fort inutile de les nombrer en détail, parce que je crois qu'il y a peu de personnes qui ne les sachent ou qui ne les puissent deviner ; elles tiennent aux institutions, qui, tendant à enter les facultés morales sur les facultés physiques, font entrer la force corporelle, l'adresse, l'agilité au nombre des qualités essentielles, qui vont même jusqu'à faire une vertu de la beauté, qui décernent des prix, distribuent des couronnes élèvent des statues et sacrifient au beau moral sous les emblêmes de la perfection matérielle. Elles tiennent à cet amour de gloire, à cette soif d'immortalité, à cette passion, qui fait de l'homme une énigme incompréhensible pour celui qui n'y voit que de ridicules préjugés Elles tiennent à cette estime particulière, que de telles mœurs inspirent pour tout ce qui, dans tous les genres, est utile, neuf et beau. C'est alors que le législateur de sa patrie et l'auteur d'un instrument utile, que le libérateur de ses concitoyens et le vainqueur à la course, que l'orateur philosophe et l'inventeur d'une nouvelle sorte de tuiles, verront leurs statues placées dans des temples, et leurs personnes consacrées par l'art qui les vivifie, jouir d'un espèce d'avant goût d'immortalité.

Alors vous verrez les hommes associés en quelque sorte, à la divinité, faire des choses divines; alors aussi, vous verrez un pays se peupler de monumens, compter plus de statues que de citoyens : ses villes ses rues, ses places, ses chemins, ses champs, ses forêts respireront les arts. Alors, ces arts n'auront besoin ni d'écoles publiques pour en assurer l'enseignement, ni d'encouragemens pécuniaires pour en favoriser l'exercice : l'amour et le goût du peuple, la nature et les monumens, voilà leurs encouragemens, voilà leur école.

Je m'apperçois que, sans y penser, j'ai presque

tracé l'image de la Grèce ; achevons donc le tableau, et que l'exemple fortifiant la théorie abrége ce qui me reste à dire.

Ce pays situé par les trente degrés de latitude, point qui tient le milieu entre la ligne, prise pour un point extrême, et la Norvège pour l'autre, a réuni toutes les causes productrices et alimentaires des arts. Placé sous la plus douce température, réunissant dans les variétés d'élévation de son sol, l'avantage de différens climats ; riche des plus beaux dons de la nature, il trouva dans l'enchantement de ses sites toutes les images de la poésie, toutes les inspirations de la volupté. On peut dire que tout ce qui peut embellir l'imagination, nourrir et échauffer les germes de l'invention, reçut dans tous les élémens de ce pays, cette juste proportion au-delà de laquelle les excès commencent à se faire sentir.

Tout ce qui peut favoriser l'imitation s'y développa de même dans la mesure exacte de ce qu'un artiste pourroit exiger. Force, grace et beauté dans les modèles de la nature, habitude suffisante de la nudité, (je dis suffisante, car je crois que son habitude constante, outre qu'elle suppppose des mœurs encore barbares, émousse les plaisirs de l'imitation) habillemens favorables au développement du corps, et susceptibles eux mêmes d'invention jusques dans leur exacte imitation, exercices gymnastiques qui perfectionnoient les corps, et en dévoiloient le méchanisme et la structure aux regards de l'artiste imitateur, mœurs favorables à tous les genres d'imitation, estime particulière de la beauté, degré de civilisation analogue au rapport exact des facultés morales avec les facultés physiques dans l'individu ; liaison intime des arts du dessin avec tous les besoins de la société, de la religion et de la politique ; j'ignore s'il existe encore d'autres causes, mais je vois que toutes celles que je viens de parcourir, concoururent en Grece, et par leur réunion, et par leur combinaison particulière, à y porter les arts du dessin à ce haut point de supériorité qui a fait jusqu'à ce jour le désespoir des peuples modernes.

Tout peuple qui prétend à la possession des arts du dessin, doit donc examiner attentivement toutes ces causes, s'interroger impartialement sur les moyens qu'il a de les réunir en tout ou en partie, et connoître bien positivement la mesure de ses facultés à cet égard. Autant il seroit absurde aujourd'hui de prétendre à la possibilité de ce concours extraordinaire de causes, que peut être le cours des siècles ne verra plus se reproduire, autant il seroit peut-être injuste de repousser comme indignes de toute faveur des arts qui ne seroient le produit que d'une partie de ces causes, ou de négliger la culture de ces fruits, parce qu'ils ne pourroient obtenir qu'une mesure inférieure de saveur et de beauté. Je laisse donc à chaque peuple le soin d'apprécier ses facultés en ce genre, et je vais essayer d'appliquer cette échelle à celles de la France relativement à la possession des arts du dessin.

CHAPITRE II.

Application de ce qui précède à la France.

La France s'étend depuis le quarante-deuxième jusqu'au cinquante - unième degré de latitude. Paris est par le quarante-huitième, d'où il résulte, comme aussi de l'examen des productions de ce pays qu'il participe plus à la nature des pays froids, qu'à celle des pays chauds. Son sol est presque par tout en plaine, si l'on excepte les parties méridionales, qui d'un côté se raprochent des Alpes, et de l'autre des Pyrénées. La température de plus des deux tiers de ce

pays est pluvieuse, humide et variable. La chaleur y a peu de force et de durée ; l'on en peut
juger par la qualité de ses fruits et de ses vins.
Le soleil ne sauroit y mûrir un grand nombre
de productions que dans une petite partie de son
territoire. Rien ne tend en général à produire
chez les hommes, cet ébranlement des fibres,
cette sensibilité d'organes, cette effervescence
des esprits animaux, qui sous les zones plus enfla-
mées, exaltent tous les essorts de la pensée, portent
l'esprit aux écarts de la fantaisie, à tous les jeux de
l'invention et aux plaisirs si puis sans de l'imitation:

L'organisation physique de ce pays semble
plus adaptée à la marche tranquille de la raison, qu'aux élans de l'imagination. Rien n'a pu
encore y faire germer aucun des élémens de la
poésie. Rien de pittoresque, de contrasté, de va-
rié, d'irrégulier dans ses sites, n'a pu y apeller
les enchantemens des poètes, n'a sçu vivifier ses
aspects, n'a pu y faire naître ces charmantes
illusions, dont les arts aiment à entourer leur
berceau.

S'il falloit appeller au secours de cette analyse
et de l'expérience qui en confirme les résultats,
toutes les preuves tirées soit de la nature de
l'idiome et de l'esprit du langage, soit de la
qualité physique des êtres, de leur conforma-

tion , de leur physionomie , de leurs propriétés apparentes , on verroit que tout est dans un rapport exact avec les propriétés du sol et du climat. On le prouveroit encore par les genres de littérature et de poésie où la France s'est exercée. On verroit que les modes de poésie qu'elle a favorisés, ne sont ni l'épique ni le lyrique, qui dépendent de l'enthousiasme , des élans de la pensée et d'une espèce d'inspiration surnaturelle, mais bien ceux qui , comme le dramatique, reposent sur le raisonnement, sur l'analyse des passions, sur la connoissance du cœur humain , et tous les développemens qui sont du domaine de la philosophie , plus peut-être que du ressort de la poésie. L'on verroit le peuple de ces contrées , au milieu de toutes les prétentions à la culture de tous les arts , réduit dans la musique, cet art , l'enfant chéri de l'imagination , à une médiocrité pire que la nullité. Mais on n'a besoin que des considérations physiques, pour assurer que le climat de la France, sans être entièrement rébelle aux arts qui résultent de l'invention , ne leur offre rien, non plus que le spectacle de la nature, qui soit propre à les féconder. Ce sont des fruits étrangers à son sol , mais qu'on ne sauroit cependant désespérer de cultiver par des moyens artificiels.

Les causes directes d'où dépendent l'imitation de la nature et le succès de cette imitation, sont évidemment en France, ou nulles ou contraires.

L'usage de la nudité y est proscrit par le climat, y répugne à toutes les habitudes sociales, y contrarieroit toutes les opinions religieuses. Aucune des institutions qui rendirent habituelle en Grece la vue de la nudité, ne sauroit se renouveller chez un peuple où elles seroient en opposition avec les usages civils, militaires et religieux.

Le mode des habillemens français et européens, outre qu'il masque la nature, est parvenu à être le plus défavorable à l'imitation. Le système de cet habillement, qui consiste à donner à chaque partie du corps de l'homme un vêtement séparé, devient par ce seul défaut d'ensemble et d'unité, ridicule dans l'imitation. Il n'offre d'ailleurs dans l'économie et la coupe des étoffes rien qu'aucun art puisse copier avec plaisir, rien qui soit même susceptible d'une imitation autre que servile et méchanique.

Voilà pour les causes essentielles, ou celles d'où dépendent l'invention et l'imitation, ce qu'il suffit de dire de ce pays.

Je vais joindre aux causes secondaires dont il reste à chercher la force, quelques unes de celles que j'ai mis précédemment au nombre des causes essentielles; mais comme elles entrent d'elles-mêmes dans l'ordre des causes morales, je les ai réunies, pour moins diviser l'attention.

Le degré de civilisation auquel la France est parvenue, me semble la cause morale la plus forte, quoique peut-être la moins apperçue, de la difficulté que les arts du dessin y éprouvent dans le développement de leur imitation, et dans le sucès de l'impression qu'ils peuvent faire.

Les effets de la civilisation sur les arts ont été déjà indiqués, mais j'observerai qu'on ne peut nulle part, mieux qu'en France, connoître et apprécier cette discordance dont j'ai parlé, entre les qualités morales et les qualités physiques. L'habitude de ce qu'on appelle la politesse, où l'art de se contrefaire, est portée dans ce pays à toute sa perfection; cela contribue de plus en plus à ôter à toutes les figures leur véritable physionomie. La société n'est plus qu'un assemblage de portraits factices, apprêtés et composées, dont l'imitation n'a aucun rapport à celle de la nature. La nature ne sauroit plus percer, ni se faire jour au travers de cet attirail de modes et de colifichets, au travers de ce masque de plâtrages, de couleurs et de bizarreries. Plus d'expression franche et naïve, plus de manières naturelles, plus de maintien qui ne soit composé, plus d'attitudes qui ne soient guindées, plus de passions à découvert, plus de chaleur dans le langage. Et quel peut être le sort des arts qui ne trouveront ni sentimens vrais, ni mœurs naïves, ni passions entières dans leurs modèles. Ces effets qui se remarquent en France, mieux qu'ailleurs, sont l'abus de la civilisation portée à l'excès.

Mais ce principe de déperfection n'est point particulier à la France, il semble avoir paralysé les arts dans toute l'Europe moderne.

J'ai dit qu'il étoit la suite inévitable des progrès de la société, des lumières, des sciences, de l'esprit methodique qui en résulte. Je pense que, comme il consiste dans l'accroissement progressif de la force collective de la société, au dépens de la force personnelle de l'individu, il ne peut que faire décroître les arts du génie, en proportion de la durée des sociétés ou des nations, jusqu'à ce que la barbarie ramène celles-ci à l'état de nature d'où elles sont parties.

Ce seroit le sujet d'un ouvrage bien curieux que le développement de cette vérité dans toutes les parties de la société, et son application partielle à tous les détails de l'invention. On seroit peut-être bien surpris de voir comment ce que les hommes font pour la perfection d'une chose, tend quelquefois à la conséquence directement opposée. Semblable au frottement qui ne polit qu'en usant, et qui détruit à force de polir, il existe dans les nations un principe, qui après en avoir été le créateur, en devient le destructeur. C'est le principe de la sociabilité.

Le même élément de vie et de mort, se remarque dans toutes les connoissances humaines, dans tous les produits de l'industrie. Tout art prend sa source dans l'isolement de quelques connoissances. Une succession d'efforts parvient à produire une masse de découvertes, qui évite à ceux qui suivent, les obstacles et les dégoûts attachés à tous les genres d'essai. Tant qu'il existe une proportion entre l'obstacle à vaincre et la résistance, ou l'effort de l'individu, il y a lieu à invention : ce terme moyen quel qu'il soit, est le plus favorable au génie. A cette seconde époque, succède celle de l'expérience, ou des règles qui feroient croire que l'on peut se passer de l'invention, si la routine ne venoit promptement à leur suite fermer le cercle où les efforts de homme sont forcés de tourner sans cesse, et ramener les arts au point où ils ont pris naissance.

Ainsi l'effet inévitable de l'expérience qui amène l'esprit de calcul et de système, l'empire des règles et de l'enseignement, est de produire cette révolution que nous observons dans plus d'un ordre de choses.

Cet esprit répandu dans toutes les parties tributaires du génie, y produit le même effet que les machines dans les manufactures, ou comme l'on sait, elles frappent d'inertie l'industrie individuelle ; mais si celles-ci remplacent l'industrie et la surpassent quelquefois, il n'en arrive pas ainsi dans la fabrication des œuvres du génie. L'invention ne sauroit être remplacée, et les règles qui la tuent n'y substituent rien.

Ou je me trompe fort, ou les mœurs, la civilisation, l'expérience et les progrès de l'esprit de calcul, ont amené les choses, en France à ce point qui semble avoir beaucoup dépassé l'époque favorable à l'invention dans les arts.

Je pourrois le prouver avec plus d'évidence, si je voulois confronter en détail l'état actuel de toutes choses, à celui que la juste alliance de la nature et de la société a permis à quelques nations de posséder.

On verroit dans ce parallèle, comment l'art

de la guerre soumis à la tactique , ou à l'esprit de calcul , est parvenu à faire une machine unique de la combinaison de machines isolées , en substituant la valeur négative au courage actif , en rendant inutile le développement des passions , et même de la force personnelle. Ensorte qu'aujourd'hui un combat en réalité comme en peinture , n'est plus une vaste scène d'actes de courage , mais une perspective vague et confuse de masses dont les mouvemens inapperçus , échappent à la vue du spectateur , de l'acteur même , et encore plus de l'imitateur.

On verroit comment dans cette élaboration des agens de la société , sur les élémens de la nature , tous les principes du génie tendent a se dégager comme une espèce de gaz , et comment de toutes ces préparations il résulte une décomposition qui , en divisant , amène la dissolution.

Ainsi l'on pourroit voir comment l'éloquence a pu cesser d'être l'art de la parole ; comment d'abord , par les moyens représentatifs de la pensée , et puis par les ressources ingénieuses qui la multiplient , l'art de parler est devenu l'art d'écrire , et comment on a pu être orateur et muet.

Ainsi la poésie s'est séparée du chant. Ainsi l'art du poëte n'a plus été cet enthousiasme d'un génie dominé par une inspiration soudaine, et secondé par la mesure et le rithme musical; l'art du poëte est devenu l'art de faire des vers ou de mesurer des syllabes.

Ainsi l'art de bâtir, d'abord un dans ses conceptions comme dans son exécution, a vu par le travail de la société, et les combinaisons du calcul, les deux substances qui le composent se diviser pour faire comme deux sciences où deux arts séparés, qui dans leur isolement ne peuvent mériter le nom d'art. La théorie s'étant désunie de la pratique, on a pu être architecte sans se douter des élémens de la construction, et constructeur sans savoir qu'il existât un art d'architecture.

Ainsi l'art de la sculpture, et celui de la peinture ont vu leur patrimoine se diviser, leurs études morcelées, la routine d'une imitation scholastique obligée de remplacer l'absence même de toutes règles, et leurs procédés décomposés, se réduire à la pratique la plus dérisoire.

Quand le cours des choses a amené les arts à cette quatrième et dernière période, que j'ai dit être celle de la routine, je saisbien quel seroit le moyen de les régénérer, mais ce moyen qu'on peut indiquer ne sauroit se conseiller.

Suivons les autres causes auxquelles est attachée la destinée dés arts en France.

Il s'en faut de beaucoup que la liaison intime
des arts du dessin, avec les besoins du peuple
soit capable de fixer dans cette nation, des arts
que le goût du luxe et la vanité peuvent bien
acheter, mais qui ne sauroient se reproduire
d'eux-mêmes et fleurir que lorsqu'ils prennent
racine sur le besoin. Il existe aujourd'hui trop
d'autres petits moyens de remplacer le langage de
ces signes, et l'éloquence des monumens, et
ces moyens sont plus économiques, plus à la
portée du grand nombre. La nature d'ailleurs
en France n'a point été libérale de ces ressources
propres à multiplier les monumens. L'éloge
d'un homme étoit autrefois sa statue, on cen-
suroit sa conduite en brisant son effigie. Ce
genre de flatterie et de satyre seroit un peu
trop dispendieux pour les calculs de l'économie
moderne.

Les causes religieuses, qui ont de nouveau
fait repousser les arts dans la moderne Italie,
en greffant, si l'on peut dire, les croyances
plus épurées du christianisme sur le tronc des
antiques superstitions, n'ont jamais eu, à beaucoup près, la même vertu chez les modernes
que chez les anciéns. La simple comparaison

de

de culte et de croyance suffit pour établir la mesure de l'opinion à cet égard. Cependant il faut dire encore que cette influence de la religion sur les arts va se perdant de plus en plus dans cette nation. La philosophie désabuse de plus en plus l'esprit et dégoûte les yeux de tout cet attirail d'allégories de symboles étrangers à la pureté de notre culte. On riroit à Paris d'une multitude de tableaux de dévotion qu'on adore à Naples. On doit donc espérer que les progrès de la raison qui vont toujours en sens contraire de ceux de l'imagination, purgeront de plus en plus notre culte de tout ce qui tend à n'ébranler l'esprit que par l'entremise des sens. Les causes récentes qui ont retiré de grandes richesses des mains des ministres des autels pour les rendre à la pureté de leur institution primitive, vont contribuer encore à tarir une source d'alimens pour les arts.

Le changement des causes politiques peut leur devenir plus utile. Jusqu'ici elles ont été de peu d'effet en France. Le luxe de quelques riches, et la flatterie ou l'orgueil des rois ont été leurs seuls soutiens.

Le règne de la liberté, indépendamment de ce qu'un tel moteur peut, avec le tems, opérer de changement sur les qualités morales de

D

cette nation, doit aussi ouvrir aux arts une carrière nouvelle. Si, avec les secours de la nation, ils peuvent devenir l'instrument des récompenses publiques, les ministres du patriotisme, et les organes de la faveur du peuple ; sans doute les artistes peuvent espérer une source nouvelle de sujets pour l'exercice de leurs talens. Cependant on attendroit envain de la seule influence de ces causes, des effets qu'on pût comparer à ceux qui ont résulté chez les anciens de semblables principes. N'oublions pas que plus une nation acquiert, par le sentiment de la liberté, l'orgueil d'elle-même, plus elle devient jalouse de consacrer, dans ses monumens, la représentation fidèle de ses mœurs, de ses usages, de ses costumes. L'on prévoit assez, d'après ce qui a déja été dit, combien les sujets nationaux et les tableaux patriotiques pourroient faire gagner les artistes, sans pour cela que les arts en profitassent. Je reviendrai dans la suite sur cet objet, en parlant du genre d'encouragement qu'on peut donner aux arts, et l'exemple de l'Angleterre à ce sujet, nous servira de leçon.

En résumant et toutes les causes qu'on vient d'exposer, et toutes les inductions que ce genre d'analyse permet d'en tirer relativement à la mesure d'arts que la France peut prétendre, il semble que le résultat n'offriroit que peu d'espoir de les voir jamais fleurir dans ce pays. Je dois dire, cependant, que tous ces résultats ne seront incontestables qu'en prenant les arts dans leur plus haute acception, et que cette application des principes aux conséquences, se modifiera beaucoup, selon le point auquel l'opinion du grand nombre est habituée d'attacher le *maximum* de la perfection. Il y auroit quelque chose d'injuste et d'outré à croire que hors de ce *maximum*, que l'on place en grèce avec tant de raison, il n'y eût plus que le choix entre le vice et la nullité. Quoiqu'il y ait entre les arts de l'antiquité, et ceux de l'Italie moderne, une distance que le Poussin a mesuré d'un mot, en appellant Raphaël, *un ange pour les modernes, et un âne auprès des anciens*, il seroit par trop rigoureux de ne point reconnoître d'échelle de proportion entre les productions du plus beau génie moderne et les œuvres des Grecs. Ainsi la France, quoique bien inférieure à l'Italie, n'a pas laissé de prouver par quelques artistes, que le génie avoit plus d'une mesure. On peut même affirmer qu'après l'Italie, aucun des pays modernes ne semble appellé à réunir plus de circonstances favorables au développement que les arts peuvent espérer des tems actuels. Si donc, nous rabattant à une échelle de perfection proportionnée aux facultés modernes, nous envisageons les arts dans un point de vue subordonné, peut-être trouvera-t-on qu'un peuple actif, industrieux, porté à la vanité et au luxe, placé sous un climat qui ne repousse ni la volupté ni les idées riantes, doué en général de l'esprit d'imitation, sans prétendre à ces hautes conceptions, qu'il n'est peut être plus possible à l'homme d'atteindre dans les arts, ne sauroit se condamner à la nullité dans ce genre.

CHAPITRE III.

La France a-t-elle, ou non, besoin de l'exercice des arts du dessin ?

Avant de mesurer le dégré d'utilité que la France peut retirer de l'exercice des arts du dessin, il falloit savoir jusqu'à quel point leur culture pouvoit s'y introduire et y prospérer.

Quant à la mesure du besoin que cette nation peut avoir de ces arts, elle consiste infailliblement dans la découverte du bien et du mal qu'ils peuvent lui faire.

Cet examen est susceptible d'être fait sous deux rapports, sous celui de la morale et sous celui de l'économie politique; car les arts du dessin ont une influence sur les mœurs des peuples et sur les produits de leur industrie.

Il convient sur tout à une nation libre, et qui prétend fonder la liberté sur les mœurs, d'examiner avec scrupule cette influence morale des arts imitateurs, sur la société.

L'on s'abuse assez ordinairement sur cette influence. La rigueur inconsidérée de quelques moralistes modernes, confondant les effets avec les causes, a, je le sais, accusé les arts de corrompre les mœurs, lorsque d'autres accusent les mœurs de corrompre les arts. Tous ont raison. La solution de ce cercle vicieux, consiste dans la réciprocité d'action entre les mœurs et les arts. Point de doute que quand les arts n'ont d'autre aliment que le luxe, ils deviennent des instrumens de corruption; mais c'est parce que le luxe les empoisonne. Mais, dit-on, si le luxe ne trouvoit pas ces agens dont il s'empare, son action s'affoibliroit. Je

D 3

répond, que quand le luxe ou le goût des choses inutiles s'insinue dans une nation, il n'est rien qui ne puisse en devenir l'instrument ; il n'y a rien qu'il ne touche et qu'il ne corrompe. Il corrompt les arts d'imitation comme celui d'apprêter les alimens. Autant vaudroit bannir d'un état, les cuisiniers, parce qu'ils servent les appetits immodérés de la débauche. L'art des Apicius ne produit pas le luxe, mais il en est le produit. Il faudroit donc bannir de la société jusqu'aux arts les plus utiles, parce que le luxe pourroit s'y glisser et les faire servir à son but corrupteur.

On dit, et l'on répete que les arts ont perdu Rome. Mais on ne répete qu'un parallogisme. Les arts du dessin existèrent à Rome dès le tems de Romulus, qui les emprunta de l'Etrurie. Ils ne cessèrent d'y être cultivés sous les plus beaux tems de la république. Les monumens, l'histoire, les médailles en font foi. Alors ils servoient les dieux, la patrie, la vertu. L'or de l'univers s'amoncela dans Rome avec tous les vices ; les arts servirent la cupidité, la vanité, la débauche et toutes les passions. Mais ce seroit prendre le change que d'accuser les arts d'avoir corrompu les mœurs, lorsqu'évidemment ils furent corrompus par elles.

Je ne dissimulerai pas cependant la réciprocité d'influence des arts sur les mœurs et j'avouerai que lorsque celles-ci sont corrompues, les arts infectés par elles, ne sont capable que d'entretenir dans un état tous les vices dont ils deviennent les fauteurs, les complices et les plus lâches panégyristes.

Les préservatifs contre de tels dangers, je les trouverois, si je pouvois les développer ici dans le systême, si mal interprêté du philosophe fameux, qu'on a faussement accusé d'avoir voulu bannir les arts de sa république. C'est au législateur qu'il appartiendra de les forcer, par de sages institutions, à devenir les précepteurs de la vertu, et les organes de la vérité.

Cependant il est un autre genre de corruption appartenant en propre aux arts, ou du moins qui tire directement d'eux son effet immédiat, c'est celui qui gangrène le goût du peuple par l'habitude d'une imitation dépravée, et familiarise ses yeux comme son esprit à des faux jugemens de la beauté physique et morale. C'étoit sur-tout de cette influence pernicieuse chez un peuple où les ouvrages des arts, si multipliés frappoient de toute part les sens, que le législateur philosophe dont j'ai parlé concevoit les plus grandes craintes, lorsqu'il n'admettoit dans sa ville que des monumens, des tableaux, ou des statues capables de jetter dans l'ame des jeunes gens les principes de l'harmonie, les images du beau et les élémens de la perfection : preuve certaine que loin de bannir de sa cité les arts d'imitation, Platon vouloit seulement, tant par le choix des sujets qu'ils traiteroient que par la perfection de leur exécution, les faire servir à former le cœur et à cultiver l'entendement du peuple.

L'influence morale des arts est donc de deux espèces, l'une qui résulte de la nature des sujets que traite l'imitation, l'autre qui dépend du dégré de perfection de cette imitation. Il ne s'agit donc, pour les rendre moralement utiles, que de les détacher de la dépendance du luxe, de les appliquer aux grands intérêts de l'instruction publique, de purifier leur source et de régler leur cours, ce que l'on obtiendra en épurant le choix des sujets qu'on leur fera traiter, et en cherchant tous les moyens qui tendront à les perfectionner.

Je ne répondrai point à l'objection que le

arts ont servi le despotisme, en détournant l'esprit du peuple de ses véritables intérêts. J'avoue que, dans la main des tyrans, ils peuvent être des jouets propres à bercer l'enfance des peuples, et caresser leur sommeil. Mettez les arts dans la main du peuple, ils deviendront l'épouvantail des tyrans. Encore un coup ils ne sont que des instrumens, qui produiront le bien ou le mal selon la différence de la main qui les employera.

En vain s'appuyeroit-on de l'exemple de Sparte, qu'on croit avoir été en partie le modèle de la république imaginaire de Platon. Eh! bien le fait est (et les faits, en ce genre, valent mieux que tous les raisonnemens) que les arts du dessin furent cultivés de tout tems à Sparte, plus qu'il ne l'ont jamais été en France, et le fait encore est, que ceux qui citent ces exemples, les citent sur la foi d'une tradition erronnée et sans connoître l'histoire des hommes, non plus que celle des arts.

Les arts du desein, selon la mesure qui dépend des causes qui les produisent, se développeront toujours chez tous les peuples, en raison du degré de leur civilisation. Ils seront selon les institutions qui en surveilleront l'exercice et la direction utiles ou nuisibles, prédicateurs du vice comme de la vertu.

La France n'a donc rien à appréhender de l'influence des arts sur les mœurs, lorsque celles-ci, épurées par l'action d'un gouvernement libre et moral, repousseront d'elles-mêmes toute image de corruption, lorsque ses institutions pourront présenter à l'imitation des artistes tous les sujets capables de faire naître et de nourrir l'amour de la vertu, le sentiment de la liberté et toutes les affections morales qui se lient à l'amour du beau et de la perfection dans tous les genres.

Il me semble qu'on ne pouvoit en venir à examiner les arts du dessin sous leurs rapports avec l'industrie nationale, et tous les arts subalternes qui en dépendent, qu'après s'être assuré des facultés du peuple à leur égard, et sur-tout, du peu de danger de leur influence sur le peuple

La vertu est le premier besoin des peuples. On ne doit point craindre que le législateur se permette ces considérations politiques, ces calculs de l'intérêt avec la justice qui purent entrer dans la balance des despotes ; à dieu ne plaise que je m'en permette les conseils, et qu'aucune vue intéressée m'engage au moindre sacrifice à la vertu en faveur des arts. C'est parce que je crois qu'ils peuvent servir utilement la cause de la liberté et de la vertu, que je vais examiner avec détail, comment ils se lient aux intérêts politiques du commerce et de l'industrie.

Le premier de tous les rapports économiques, que tout le monde apperçoit d'abord dans la culture des arts du dessin, est le grand nombre d'hommes que cet exercice fait vivre.

Ce nombre est bien plus grand qu'on ne le pense, si l'on fait attention à cette multitude de genres d'industrie dont se composent tous les besoins de la manipulation de ces arts. Le détail en seroit aussi long qu'inutile : il me suffira de faire pressentir ce que la préparation des couleurs, des toiles des instrumens de la peinture, ce que l'exploitation des marbres et des pierres, la préparation des outils et procédés de la sculpture, et de ceux de la gravure en cuivre et en pierre, la fabrication des papiers, la main-d'œuvre subalterne de tous ces arts, sur-tout ce que l'exécution de l'architecture qui les embrasse tous, alimentent d'arts méchaniques ; il me suffira d'indiquer toutes les branches d'industrie qui sortent de la tige des arts du dessin, pour attirer toute l'attention du législateur, vers les moyens propres à en accroître la culture.

Je laisserai à ceux qui s'occupent de l'écononomie politique, le soin de faire les calculs numériques sur cette matière ; pour moi j'aime mieux en laisser pressentir le résultat : je me contente de dire que, si le nombre d'hommes qui, dans un grand empire, vivent exclusivement de l'exercice des arts du dessin, se trouvoit rassemblé devant le législateur, l'idée de bannir ces arts lui paroîtroit pour le moins celle de la démence.

Mais dans l'état actuel de l'Europe, ce genre de considération ne sauroit se voir sous un point de vue aussi isolé. Toutes les nations étant l'une envers l'autre dans un état de pression et de contre-poids, il ne se fait jamais dans l'industrie d'une nation un mouvement qui ne réagisse chez les autres par l'enchaînement des rapports commerciaux. On peut assurer qu'une nation ne gagne rien qu'au préjudice des autres ; les pertes qu'elle fait vont de même enrichir ses voisins.

Bannissez d'un état les arts du dessin, ou ce qui est la même chose, laissez en appauvrir et tomber la culture , vous allez faire des pertes incalculables.

Vous perdrez dans la population , par l'émigration nécessaire de tous ceux qui iront chercher au dehors les moyens d'exercer leur industrie.

Vous perdrez dans la balance du commerce tout ce que le goût des étrangers vous apportoit d'or ou de consommateurs, ce qui est l'équivalent.

Vous perdrez triplement, et parce que vous perdrez et parce que vous manquerez de gagner, et parce que gagneront vos voisins.

Mais vous perdrez à un degré effrayant par l'anéantissement ou le détériorement de tous les arts de luxe et de goût, dont le succès est attaché à celui des arts du dessin. Ceci est le point de vue le moins sensible à la plupart des hommes, et cependant le plus important.

Quelque graves que puissent paroître les considérations précédentes, ceux qui borneroient là leurs inquiétudes sur les rapports des arts du dessin avec l'intérêt du commerce et de l'industrie, n'en soupçonneroient pas les conséquences les plus étendues.

Tant que le commerce ou l'échange des productions territoriales ou industrielles des nations sera une des bases de leur prospérité, je l'avance hardiment, la culture des arts du dessin sera un des principes essentiels du commerce, et par conséquent de la prospérité nationale : je le prouve.

L'échange que fait la France avec les autres nations, consiste en grande partie dans les produits de son industrie. Pourquoi les nations voisines convoitent-elles ces objets , c'est évidemment parce qu'elles y reconnoissent une supériorité de goût et d'agrément sur les produits de leur industrie. La France, en perdant cette supériorité sur certaines nations, perdroit donc une grande partie de son commerce.

Eh bien ! d'où résulte cette supériorité sur certaines nations moins commerçantes et qui le pourroient devenir davantage ? de la culture des arts du dessein , et voici comment.

Il en est du goût dans les matières des arts, comme de l'empire de l'opinion dans les matières politiques. Le plus grand nombre est toujours mû et conduit par le plus petit. C'est parce qu'il s'est trouvé deux ou trois hommes , qui, par la force de la pensée, ont pénétré jusqu'aux profondeurs de la législation , qu'un petit nombre d'hommes devenu les disciples de ces grands maîtres, ont répandu leur doctrine ; que de proche en proche la lumière s'est comuniquée. Lorsqu'enfin ces idées sont devenues familières à cette classe d'hommes dont l'opinion est faite pour ébranler, je ne dirai pas l'entendement, mais l'instinct de la multitude, les révolutions se préparent, et vous voyez cette lueur foible dans son commencement , devenir un foyer qui jette sur tout des torrens de lumières. L'histoire de toutes les

révolutions d'opinion est d'acord avec ce que
je viens de dire.

Si j'applique ceci à l'influence des arts du
dessin sur la perfection de tous les arts d'industrie, je trouve une similitude parfaite.

Voulez-vous que les lumières, l'intelligence,
le goût de la convenance, la perfection des détails, le sentiment de la propriété, tout enfin
ce qui constitue l'invention dans tous les genres
d'industrie exercée par la multitude ignorante,
s'y insinuent et s'y communiquent, ayez un
foyer d'invention où l'esprit d'un petit nombre
d'êtres privilégiés, s'échauffe par les plus hautes
méditations à la recherche du beau le plus idéal;
ayez un *maximum* d'invention, d'où, de proche
en proche, le goût du beau gagnera jusqu'aux
derniers produits de la main. Ne croyez pas que
ce petit nombre d'hommes occupés de l'imitation intellectuelle de la nature, soit sans rapport
avec ceux qui ne semblent destinés qu'aux travaux
servile d'une imitation subalterne. Croyez au contraire que cette co-relation invisible au commun des
hommes est la plus forte et la plus sensible aux yeux
du Philosophe qui apperçoit la chaîne commune à
tous les résultats de l'industrie. Croyez que c'est
au feu des arts du génie que vous verrez s'é-
chauffer et s'éclairer tous les arts de l'industrie,

ce sont les arts de l'esprit qui perfectionnent ceux de la main.

En veut-on la preuve? L'histoire et les faits vont nous la fournir avec le plus grand éclat.

Le tems qui nous a conservé les monumens du génie des Grecs a heureusement épargné aussi ceux de leur industrie. Eh bien c'est dans le pays où la pensée de l'homme s'éleva jusqu'à la perfection idéale de la divinité dans l'imitation surnaturelle de la nature, que les moindres productions de l'industrie reçurent le complément de leur perfection. Comme les plus légers détails des moindres domaines des arts semblent y avoir été fécondés par les émanations du génie ! Quelle étonnante correspondance, entre tous les produits de l'invention, fait participer les contours que l'argile reçoit de la main du potier, aux principes sublimes qui font sortir la statue de Jupiter du cerveau de Phidias ! Pourquoi ce modeste ustensile, ce meuble, enfant de la nécessité, semblent-ils façonnés par le plaisir, et commandent-ils l'admiration? Vous en voyez trop clairement la raison, pour que je m'étende en preuves sur un tel sujet.

L'Italie moderne est d'accord avec cette théorie. Ce fut sous le beau siècle, qui fit re-

luire quelques uns des beaux jours de la Grèce,
que tous les arts méchaniques reçurent aussi
leur plus grand développement. Ce fut lorsque
le pinceau de Raphaël ressuscitoit dans la peinture le sentiment du beau idéal, que tous les arts
d'invention subalterne comme éclairés du reflet
de cette lumière, portèrent toutes les manufactures d'Italie à ce point dont les causes politiques
extérieures ont contribué à les faire déchoir.

Si l'on veut encore un exemple bien frap-
pant et qui est sous nos yeux, de cette action fé-
condante des arts du génie sur ceux de l'industrie, l'Angleterre nous l'offre en ce moment.
D'où vient cette supériorité que, depuis quelques
années, les ouvrages de tous ses ateliers ont
acquis dans la concurrence avec les autres nations, si ce n'est de cette réflection immédiate
des productions du génie sur toutes les œuvres
de la main ? Qoique l'Angleterre soit très-éloi-
gnée dans les arts du dessin, d'une perfection
qu'elle n'obtiendra peut-être jamais, cependant
on ne sauroit se dissimuler que chez ce peuple
dont le jugement semble faire le génie, et qui
obtient par la persévérance du raisonnement,
ce que d'autres trouvent par les élans de l'imagination, cette révolution arrivée dans presque
tous les ouvrages de goût, d'usage et de luxe

E

ne soit l'effet des monumens de l'antiquité transportés dans cette île, et que ces grands principes
n'ayent en peu de tems redressé toutes les habitudes et corrigé toutes les pratiques autrefois
vicieuses d'une industrie routinière.

Pour bien faire comprendre de quelle nature
est cette correspondance qui règne entre les arts
du génie et ceux de l'insdustrie, il faudroit se
livrer à une discussion métaphysique d'où l'on
verroit sortir jusqu'à l'évidence, la vérité que
je n'ai prouvée que par des faits. L'on verroit
que tous les produits d'une industrie qui paroit
arbitraire dans sa fin comme dans ses moyens,
rentrent nécessairement dans le domaine de ce
vrai qui fait le principe des autres arts. L'on
prouveroit aisément que tous ces noms de goût,
d'élégance n'expriment, dans la bouche de ceux
qui les employent, des qualités vagues, que parce
que la routine a fait disparoître le principe élé-
mentaire de la perfection des arts; et l'on seroit
forcé d'avouer que ce principe étant le même
pour tous les arts, il ne se communique aux
dernières classes de l'industrie, que lorsqu'il se dé-
couvre avec une grande évidence dans les plus
hautes régions du génie.

Mais de pareilles recherches feroient le sujet d'un traité, et ne peuvent entrer dans la mesure de cet écrit.

Je ne l'allongerai pas non plus du recensement bien inutile de tous les arts qui sont dans le cas d'attendre leur perfection de celle des œuvres du génie. Il suffira de jetter un coup-d'œil général sur tous les genres d'industrie qu'embrasse l'art de la bijouterie, sur tous ceux que renferme celui de l'orfévrerie, sur les manufactures d'étoffes, où le dessin et l'art du peintre entrent comme élémens indispensables, sur la fabrication de tous les meubles, siéges, vases, ustensiles, auxquels le goût du dessin se communique involontairement, sur les travaux de la marbrerie qui invoquent ses secours et sa direction, sur les ouvrages de tapisserie, sur toutes les branches de l'ornement et de la décoration, tant en grand qu'en petit, sur les travaux de la marqueterie, de la verrerie, sur toutes les parties liées à la direction des théâtres; et l'on conviendra qu'il est plusieurs centaines d'arts nécessaires aux besoins de la société dont le sort et le goût sont attachés au sort et au goût des arts du dessin.

Et pour ne point aller chercher des exemples hors de chez nous, j'appellerois en preuve de ce que j'avance, ce qui se passe sous nos yeux. N'avons-nous pas vu, depuis quelques années, plusieurs de ces arts que je viens de nommer, suivre les révolutions de goût survenus dans les arts du dessin ? Ce n'est, j'en conviens, que par la force de l'exemple, par une sorte d'esprit de mode qui long-tems a été celui de la nation, par une influence insensible et lente que ces améliorations ont gagné certaines classes d'arts ; mais j'ose assurer que ce niveau de goût et de principes entre les deux sortes d'arts, tend toujours à s'opérer, et que peut-être cette correspondance, pour devenir entière, n'attendroit que la perfection de certaines institutions.

Je me résume donc, et je dis qu'il est constant que la France n'a véritablement rien à craindre des arts du dessin, dans leur influence sur les mœurs et le caractère des hommes, tant que l'action toute puissante de la liberté en fera ses orateurs, ses agens et ses disciples.

Je dis qu'il est tout aussi constant que les intérêts politiques, ceux du commerce & de l'industrie, exigent qu'on prenne tous les moyens de favoriser et d'encourager une culture, dont la perte opéreroit une cessation de travail pour un très-grand nombre d'individus ; une culture à laquelle est attachée celle d'un grand nombre de professions ; une culture du succès de laquelle dépend celui d'une foule d'arts méchaniques , et par conséquent le plus grand avantage ou dé-savantage dans la balance du commerce , par le plus ou le moins de supériorité qu'un grand nombre de nos marchandises auróient dans la concurrence avec celles des autres nations.

Nous avons vu ce que la nature et les causes sociales pouvoient opérer d'effets favorables ou contraires au succès spontanée des arts en France; nous avons conclu que ces plantes, quoique étran-gères à son sol , n'étoient point insusceptibles de s'y reproduire. Il nous faut chercher main-tenant les moyens les plus propres à y opérer tout le développement qu'on doit raisonnable-ment se contenter d'en attendre.

CHAPITRE IV.

Des moyens qu'on doit employer en France, à la culture des arts du dessin.

Si les arts du dessin étoient ou pouvoient devenir en France, ce qu'ils ont été dans certains pays dont on a parlé, liés d'une manière directe et absolue aux grands intérêts des peuples ; s'ils étoient des productions libres et spontanées du sol et du climat, de toutes les choses inutiles, la plus inutile peut-être seroit la discussion actuelle. S'il venoit dans l'esprit oiseux de quelque philosophe de la traiter, je lui dirois : ne vous inquiétez point de ce que doivent devenir des arts dont la nature elle-même prend soin. Prenez garde que votre action ne vienne à contrarier la sienne ; fiez-vous aux causes naturelles, reposez vous sur l'intérêt général du soin de cette culture, bornez le vôtre à ne point mettre d'obstacles à la végétation de ces plantes qui ne veulent d'autres regards que ceux du soleil de la liberté.

Mais si ces plantes transportées sous des cieux moins amis, au milieu d'une foule de circonstances et de causes contraires, avoient besoin qu'une main attentive les préservât du souffle ennemi qui pourroit les tuer, ne faudroit-il pas se garder de cette perfide insouciance? Et ceux qui voudroient en abandonner la culture à tous les hazards des influences naturelles et spontanées, ne pourroient-ils pas être considérés par ces arts comme de faux ou mal-adroits amis?

Sans doute si ces fruits peuvent croître en pleine terre, je ne veux aucune de ces précautions qui en abatardiroient le germe; je les livre aux mains de la nature.

Mais lorsqu'en certains pays, on veut avoir des orangers, il faut bien avoir des orangeries. Voilà le mot.

Les moyens que la nation peut employer à la culture des arts du dessin sont de deux sortes; l'instruction ou l'éducation publique et gratuite, et les récompenses ou encouragemens qui peuvent faire naître ou fortifier les talens. Avant de déterminer la nature, le mode et l'emploi de ces deux sortes de moyens, je dois d'a-

E 4

bord en prouver la nécessité et répondre aux objections qu'on peut élever contre eux.

 On s'étonnera peut être qu'on puisse mettre en question l'utilité de l'éducation publique en ce genre. L'instruction de toute espèce semble une dette que la nation doit acquiter ; les arts du dessin semblent en réclamer leur part ; comment se pourroit-il que leur intérêt dût repousser ce bienfait ?

De grands inconvéniens, on ne sauroit se le dissimuler, sont attachés à de telles institutions ; il faut les connoître.

Pourquoi en effet, disent les ennemis de l'éducation publique, concentrer en un lieu tous les moyens d'instruction ? Pourquoi charger de ce soin un nombre d'hommes choisis ? Voyez vous que les Grecs se soyent jamais avisés d'instituer de semblables privilèges d'institution pour les arts ? Et pour citer des tems plus voisins de nous, le beau siècle des arts en Italie connut-il ces lieux publics d'éducation où les grands principes de l'émulation s'appauvrissent, où la méthode scholastique dénature le caractère particulier de chacun, ou l'esprit imitateur s'insinuant comme une séve malfaisante dans toutes les facultés de l'invention, en stérilise les germes, où l'exemple et la routine deviennent, en dépit des maîtres, les seuls directeurs de la jeunesse ; où l'autorité des maîtres

vivans, l'emporte, par l'influence active des leçons ; sur l'autorité muette des grands maîtres et
de leurs ouvrages, où une action uniforme ploye
de la même façon tous les esprits, pour établir
entre eux le niveau de la médiocrité, où un
despotisme d'autant plus incurable qu'il est in-
visiblement répandu par tout, prépare, dès l'enfance et façonne ses esclaves sous le titre d'é-
lèves, au joug de l'opinion qu'ils transmettront
eux-mêmes à ceux qui les suivront.

Voyez au contraire, continuent-ils, l'instruction des arts répandue dans les écoles particulières,
recevoir et donner tous les caractères que la liberté imprime à tout ce qu'elle anime. Voyez,
de tous les combats de l'émulation entre les écoles rivales, sortir ces ouvrages marqués du coin
précieux de l'originalité. Voyez comme toutes
les qualités bonnes ou mauvaises y reçoivent
l'empreinte de la hardiesse et de l'énergie, et
comme, n'écoutant que les inspirations de son
génie, ne connoissant de mesure que celle de ses
propres forces, chaque artiste arrive au développement naturel de ses facultés. Remarquez comme
semblable à l'arbre que la nature planta dans ses
fonds, chacun s'élève fièrement sous la forme
qui lui est propre. Comparez maintenant à ces
élèves de la liberté, vos productions captives,

que symétrise sous le ciseau d'une artificielle régularité, l'art destructivement protecteur qui ne conserve qu'en abatardissant, et qui doit abatardir pour conserver.

Je ne crois point avoir affoibli l'objection. Cela me seroit difficile, car je professe qu'elle contient mon opinion sur cette matière, et que personne n'est plus convaincu que moi de la supériorité des écoles partielles sur les écoles publiques. Mais personne en même tems n'est plus convaincu de l'insuffisance des ressources particulières de l'instruction partielle dans l'état actuel des arts en France ; personne ne croit plus que moi au danger qu'il y auroit d'abandonner cette culture à des mains dépourvues des instrumens nécessaires pour son exploitation. La bonne culture ne se rencontre qu'avec la population. Voyez ce que deviennent de trop grandes propriétés livrés à un trop petit nombre de cultivateurs ; elles tombent en friche. Pareille chose nous arriveroit dans la culture des arts avec le peu de causes alimentaires qu'ils ont en France.

La principale raison qui détermine les états à faire, en différens genres, les frais de l'éducation, est l'insuffisance reconnue des ressources individuelles. Il n'y a pas de doute que, si l'instruction n'entraînoit aucune dépense, ou que si tous les particuliers avoient les moyens d'y subvenir ; la nation s'empresseroit moins d'ouvrir des écoles publiques et gratuites. C'est donc indépendamment d'autres considérations politiques , sur la difficulté que le commun des hommes éprouveroit à se procurer l'instruction , qu'est fondé le besoin d'écoles publiques.

Aussi voyons nous qu'on n'en a jamais institué que pour des objets , des connoissances , des sciences ou des arts , dont les élémens , dont les instrumens sont hors de la portée du plus grand nombre.

Jamais on ne s'est avisé d'ériger des écoles publiques pour l'enseignement ou la propagation des arts méchaniques. On a dû compter assez sur les secours du besoin , de la concurrence et de l'habitude. Certes , si l'on fondoit une école publique pour apprendre à faire des habits et des souliers , cette école seroit l'excès du ridicule , si elle n'étoit le comble de l'inutilité. Il y a même beaucoup à parier que ses élèves , si elle en faisoit , seroient les moindres des ouvriers. On n'a jamais cru non plus que l'exercice de ces métiers eût besoin d'un autre aiguillon que de celui de l'intérêt.

Je ne vois pas , par la même raison , pourquoi Athènes par exemple , eût fondé une école publique pour les arts du dessin. Cette ville , qui selon l'expression d'un écrivain , sembloit n'être qu'un atelier de statuaires et de peintres, n'a jamais dû soupçonner l'idée d'une pareille institution. Une ville qui avoit plus de statues que l'Attique n'avoit d'habitans, devoit compter assez sur les ressources de l'instruction particulière dans les ateliers des artistes ; et certes , l'éducation théorique d'une école publique eût mal remplacé les leçons actives de la pratique.

Pareille chose est arrivée dans l'Italie moderne. Quoique l'institution de quelques académies y remonte à une assez grande antiquité ; quoique plusieurs de ces établissemens ayent eu pour fondateurs de très-grands hommes , néanmoins ils furent plutôt des assemblées d'artistes que des écoles ; et quoiqu'on puisse dire, jamais leur influence ne l'emporta sur celles des écoles privées. Mais il faut dire aussi que le nombre prodigieux de travaux qui occupoient les atteliers des artistes , en faisoit des écoles de pratique , auxquelles la théorie des écoles publiques ne sauroit suppléer. Alors ces arts s'exerçoient et s'enseignoient comme tous les arts de l'industrie méchanique. Alors un maître faisoit des apprentis ; ses élèves lui payoient apprentissage pour un nombre d'années ; et quand l'élève parvenoit à aider le maître dans ses ouvrages, il en recevoit à son tour un salaire. Ainsi Michel-Ange, mis en apprentissage chez David Guirlandaï, reçut bientôt, comme égal à son maître, la somme qu'il devoit lui payer comme apprenti. Alors l'appât de la fortune et d'un avancement aussi certain que dans toutes les autres professions, décidoit des calculs des pères sur l'état de leurs enfans, et la carrière des arts s'offroit à eux comme un objet sûr d'ambition et d'intérêt.

Je ne crois donc les écoles publiques nécessaires, que pour subvenir à l'insuffisance des ressources de la part de l'élève pour apprendre, et de la part du maître pour enseigner, et ces ressources doivent toujours diminuer en raison du peu d'encouragemens que les arts obtiennent d'une nation.

Quant à l'élève, s'il n'est pourvu des biens de la fortune pour se procurer les modèles qui doivent le conduire dans la route de l'imitation ; s'il ne peut payer toutes les leçons que l'incapacité des maîtres ordinaires ne sauroit même lui vendre, le germe du talent mourra en lui.

Quant au maître, c'est pis encore. Réduit par le peu de goût de son pays pour les arts à un très-petit nombre de travaux qui l'alimentent à peine, jamais il ne sera dans le cas de faire partager à ses élèves l'exécution de ses ouvrages. Que deviendra pour eux son école? un très-petit diminutif d'académie qui en aura tous les vices sans en avoir les ressources. Ce sera bien pis encore, si par son peu de fortune ou par les travers de son goût, le maître incapable de fournir à ses élèves, les grands modèles du beau et du vrai, cédant aux suggestions de l'amour propre, les condamne à n'apprendre la théorie et les principes des arts que dans les modèles dépourvus des qualités propres à faire germer le talent.

Mais, dit-on, l'on remédira à cette disette des ressources partielles, à cet appauvrissement des moyens d'instruction, par les galeries, où les ouvrages des grands maîtres parleront publiquement au génie des artistes de tout âge. Cela vaut beaucoup, j'en conviens, mais l'expérience vaut encore plus. Eh bien! que nous dit-elle? Que dans les pays où sont entassés tous les modèles de l'art, cette exposition perpétuelle ne suffit pas à contrebalancer les leçons parlantes d'un maître, et que plus vous attacherez, par l'isolement des petites écoles de théorie partielle, l'élève à son maître, plus vous ôterez d'effet à ce grand enseignement des ouvrages de l'art.

On se trompe et l'on prend le change sur les causes principales de l'avantage des écoles partielles. Il est évident que leur supériorité vint des moyens d'enseignement qu'on y rencontroit. C'est parce que les préceptes de l'art s'y communiquoient par la pratique et l'exercice actif des procédés, qu'elles produisirent les effets qu'on ne sauroit espérer d'écoles partielles de théorie. La multiplication des monumens, les progrès du goût, et toutes les causes qu'on a décrites pourroient seules redonner à ce genre d'enseignement l'activité desirable. Mais il est évident que, dans l'état de langueur où sont tous les atteliers des artistes, ceux-ci ne peuvent enseigner que par tous les petits procédés d'une théorie et d'une méthode mesquines et rapetissées. Du moment que l'on ne peut apprendre les arts que par théorie, il n'y a pas de doute qu'une école publique ne comporte et n'embrasse en ce genre de bien plus grands moyens que les écoles particulières. En bornant l'enseignement aux écoles privées, vous n'obtiendriez donc pas aujourd'hui les mêmes effets qu'autrefois ; tout ce que l'on pourra dire de plus spécieux, viendra échouer contre les deux raisonnemens suivans, tout simples qu'ils puissent paroître.

Le premier est celui-ci : les arts n'offrant point

en France d'assez grands appâts de fortune, pour que leur apprentissage ainsi que celui des autres professions puisse devenir généralement une route assurée vers la richesse; l'état doit s'empresser de subvenir aux frais de cet apprentisage : plus foible est l'appât, plus il faut frayer et faciliter les routes.

Voici le second : le peu d'ouvrages et de travaux qui se partagent entre les maîtres de l'art, ne pouvant ni les mettre à portée de communiquer par la pratique à leurs élèves, les leçons actives et les principes de l'imitation, ni leur donner les moyens de fortune nécessaires aux dépenses de tout genre qu'entraîne l'enseignement par théorie, l'on ne sauroit se reposer sur eux de cet enseignement; l'état doit donc en faire les frais.

L'état, pourront répliquer cependant d'autres contradicteurs, ne doit intervenir en rien dans la culture des arts. Car, vous diront-ils, ou la France a par elle même de quoi offrir aux arts assez d'alimens naturels, et alors ils n'ont pas besoin qu'on les substante par des moyens artificiels, ou s'ils ont besoin de ces secours, vous vous trompez, quand vous prenez pour les productions des arts, les produits dégénérés de votre culture factice : pour connoître ce à quoi vous pouvez prétendre en ce genre, il faut abandonner à elle même la destinée des arts.

Je ne répondrai point, à ce raisonnement, qu'il nous ramène à une question déja jugée, et que c'est parce que nous croyons avoir la mesure précise de ce que nous pouvons, que nous nous résignons à n'avoir que ce que nous pouvons.

Mais je répondrai que ce raisonnement auroit toute sa force, s'il ne s'agissoit que de traiter de la perfection spéculative des arts, abstraction faite de toute autre considération politique ; mais que d'après tous les rapports sous lesquels nous avons vu que l'exercice, quel qu'il puisse être, des arts du dessin, se lioit à tous les intérêts de l'industrie et du commerce, il ne peut plus être permis de le faire.

Je répondrai en outre que tous ces moyens artificiels de se procurer des fruits dégénérés, seroient peut-être fort ridicules, si la France avoit à lutter dans ce genre contre tous voisins doués, par la nature des vrais agens de la perfection, mais que n'ayant à soutenir dans l'échange de son industrie, de véritable concurrence qu'avec des pays condamnés pour la plupart, plus qu'elle encore, à tous ces artifices de culture, elle

F

risqueroit beaucoup de se permettre une expérience dont le résultat, dans l'hypothèse du dilême que je combats, pourroit n'être qu'un sacrifice gratuit ou une perte volontaire.

Il résulte de tout ceci, que la France est trop intéressée à la culture, quelle qu'elle puisse être, des arts du dessin, pour en abandonner le soin au hazard d'élémens inconnus et arbitraires; que l'on ne sauroit compter assez sur les causes naturelles de leur génération, pour en livrer la destinée à la seule nature des choses, et qu'ils exigeront peut-être toujours des moyens étrangers aux pays dont ils sont le produit spontanée.

Un de ces moyens m'a paru l'enseignement gratuit et public. Je ne me suis permis d'en démontrer la nécessité que par des preuves générales. Mais il est un autre genre de preuves à employer en sa faveur, et qui consisteroient à faire voir comment une telle institution une fois améliorée, feroit disparoître tous les vices dont on argumente contre elle, et qui peuvent rejaillir sur les arts. Cet objet sera celui du paragraphe suivant.

Nécessité des encouragemens directs.

Le second moyen consiste dans les récompenses et encouragemens qui peuvent faire naître ou croître les talens.

Ceux qui voudroient ne devoir les arts qu'à

leur libre génération, trouveront aussi de bonnes raisons pour répudier ce second genre de moyens, qu'il faut bien, je l'avoue, regarder comme factices.

Je conviens aussi que toute nation qui les emploie, acquiert la plus forte démonstration de la mesure à laquelle doit se borner sa prétention dans l'acquisition ou la possession des arts du dessin. Les véritables encouragemens, les seuls actifs qu'ils puissent recevoir, sont ceux qui résultent du besoin que le peuple a d'eux, et du plaisir qu'il en éprouve. Tous les autres sont de foibles supplémens à ceux-là. C'est un engrais étranger au sol, mais si nous ne pouvons obtenir les fruits en question, que par une fertilisation artificielle, devons-nous renoncer à leur culture ? Non.

Prouvons donc que ces encouragemens sont nécessaires ; nous dirons ensuite de quelle nature ils doivent être.

Les arts avoient atteint, dès le quinzième siècle, en Italie, toute la perfection à laquelle les efforts modernes ont pu s'élever, que la France n'en soupçonnoit pas même l'existence. Elle en dut les premiers germes à la captivité de François premier en Italie. Mais à vrai dire, ce valeureux chevalier, fait pour aimer tous les gens de gloire et de plaisir, transporta avec lui en France, moins les arts de l'Italie que les artistes. Presque tous les ouvrages de quelqu'importance qui datent de cette époque, sont dûs à des Italiens. Leur génie du moins y préside, et cela continua ainsi jusqu'au règne de Louis XIV. Tous les monumens en font foi. Il ne s'agit que d'interroger les sculptures du Louvre, celles des tombeaux de Saint Denis, les peintures de Fontainebleau, les statues équestres de Henri IV et de Louis XIII, l'hôtel-de-ville de Paris, le pont Notre-Dame et celui de l'hôtel-dieu, tous ouvrages dus à des artistes italiens. L'on commandoit des tableaux en Italie, les marbres en arrivoient tous taillés ; on y fondoit les bronzes, on y dirigeoit, on y rectifioit les plans. L'on ne sauroit dire qu'alors les arts aient été vraiment cultivés et naturalisés en France.

Louis XIV parut. Il voulut avoir des arts comme une marine. Il voulut des arts comme il voulut de tout, c'est-à-dire, à quelque prix que ce fût. Mais Louis XIV étoit venu trop tard. Les arts étoient en Italie à leur troisième époque, c'est à-dire, celle des règles, il ne put recueillir que les rejets d'une troisième coupe. Les plus grands peintres qu'ait eu la France, ne furent réellement que de médiocres élèves, des élèves

de Carrache. L'on voit, et il est bien important de se convaincre de cette vérité, que les
arts ne prirent point naissance en France. Ils y
furent alors transportés brusquement, et dans
l'état où ils se trouvèrent en Italie. Aussi leur
vieille jeunesse y fut de peu de durée. Aussi
ne se sont-ils soutenus que par l'extraordinaire
munificence du prince. Il fit des parcs de bronze
et de marbre, où il put compter plus de statues
que d'arbres ; il fit des palais comme il sembla
faire des conquêtes pour occuper ses peintres ;
il prêta sa vanité à tous les arts, il les enfla de
toute sa bouffissure. Ces arts disparurent avec lui ;
on eût dit que ces esclaves eussent partagé sa
sépulture, comme autrefois ceux des rois de
Memphis.

Le règne suivant devoit porter à l'excès tous
les genres de corruption. Les arts n'eurent plus
de protection que dans les antichambres des
courtisanes. L'état de leur avilissement peut se
calculer par la bassesse de leurs protecteurs. Mais
on vit sous ce règne décroître et se rapetisser
bien sensiblement toutes les ressources des
arts. Comme si la race humaine eût subitement diminué de proportion ; toutes les habita-
tions diminuèrent. Les palais se changèrent en
modiques maisons, les monumens publics ne se

distinguèrent plus des édifices particuliers ; les appartemens suivirent cette échelle de diminution ; les salons devinrent des boudoirs ; les arts furent obligés de se rapetisser au niveau de leurs modèles. La miniature devint [la peinture d'histoire de cette génération de pigmées. La proportion des tableaux et des statues fut déterminée par les trumeaux des croisées et les chambranles des cheminées ; le luxe puéril des glaces , l'éclat des étoffes , et en dernier lieu l'économie des papiers fermèrent pour jamais l'entrée des palais à tout tableau qui eût osé retracer l'ancienne proportion de la race humaine. Sur la fin de ce règne les arts n'existoient plus que dans le souvenir de quelques personnes , dans les recueils de quelques amateurs et dans les espérances d'une régénération.

Le règne de Louis XVI arriva ; il devoit être celui de toutes les réformes et de tous les remèdes. Ce prince s'empressa de tendre aux arts défaillans une main restaurante. Il ne se faisoit plus en France un seul tableau qu'on pût appeler d'histoire. L'art de faire respirer le marbre alloit s'anéantir par le défaut d'ouvrages propres à exercer le ciseau ; lorsqu'il forma le projet de consacrer une somme annuelle pour retracer par des statues les effigies des grands hommes, et fournir au génie de la peinture les sujets qu'elle se plaît à exprimer. L'expérience a, depuis ce tems, confirmé la nécessité de ces encouragemens. L'on a eu occasion d'observer que sans ces secours, la sculpture et la peinture historiques auroient totalement disparu, puisque les ouvrages ordonnés par le roi ont été, l'on peut le dire, les seuls que ces arts ayent produits en grand, et qui ayent paru aux expositions publiques.

C'est donc de cette époque que datent les seuls et véritables encouragemens directs qu'ayent reçus les arts et les artistes. Je doute d'après cet exposé qu'il soit nécessaire de s'étendre en preuves sur la nécessité de continuer ce genre de secours, tant que le goût devenu plus général dans le peuple ne leur fournira point des alimens d'une autre espèce. Mais je pense que ces encouragemens peuvent être susceptibles de produire de meilleurs et de plus grands effets, soit par une répartition mieux entendue et plus propre à nourrir l'émulation, soit en intéressant la nation en général et en détail, à une dépense dont toute les parties de la France retireroient successivement les produits, qui jusqu'à présent, ont été entassés dans la capitale. Cet objet sera traité après celui de l'enseignement.

F

SECONDE PARTIE.

De quelle nature seront les institutions d'enseignement et d'encouragement, pour les arts du dessin.

J'AI établi par les raisonnemens et par les faits la possibilité de la culture des arts du dessin en France, l'intérêt et la nécessité de cette culture, et le choix des institutions propres à l'opérer et à la perfectionner; il faut maintenant poser les principes sur lesquels ces institutions doivent se régler, c'est-à-dire, les bases d'un bon système d'éducation publique pour ces arts, et d'un plan utile d'encouragemens.

CHAPITRE PREMIER.

Du systême d'éducation publique.

Je dois commencer par avertir que le comble de la déraison, dans la formation d'une pareille institution, seroit de prétendre qu'on dût y appliquer strictement et rigoureusement les principes d'un gouvernement libre, et calquer les élémens d'une école sur ceux d'une république. Trop long-tems le gouvernement avoit adopté le systême d'une école ; il n'avoit pas plus de raison que n'en auroient aujourd'hui les écoles à vouloir se mesurer à toute rigueur sur le gouvernement. Il ne peut y avoir de parité exacte, et voici pourquoi.

Les êtres dont se compose une société, sont et doivent être égaux, par le droit de nature, quand ils ne le seroient pas par la loi, puisqu'ils sont tous des hommes.

Les êtres dont se compose une école, sont et doivent être inégaux, par la nature des

choses, quand ils ne le seroient pas par celle
de l'institution, puisque les uns qui apprennent,
sont ignorans, et que les autres qui enseignent,
sont savans.

J'aurai occasion de revenir à ce sujet, en
traitant du mode d'élection. Je pense qu'une
école bien organisée doit s'empreindre de l'esprit d'un gouvernement libre, plutôt que de
s'embarrasser d'une conformité littérale, qui ne
pouvant dériver des mêmes principes, ne sauroit produire les mêmes conséquences.

L'institution dont je me propose de donner
le plan, doit s'envisager sous deux rapports;
l'un est l'influence générale qu'elle doit avoir
sur les arts, par le mode de son existence;
l'autre est l'action particulière qu'elle exercera
sur eux, par le système de l'enseignement; l'un
de ces rapports embrasse les combinaisons de
l'organisation générale de l'école; l'autre les
détails et les procédés partiels de l'enseignement.

CHAPITRE II.

De l'organisation générale de l'école.

Le mode d'existence ou l'organisation générale d'une école est d'un grand intérêt. De son plan, de ses principes dépend son succès, et de celui-ci, la prospérité ou l'appauvrissement des arts.

Réunion en une seule des diverses écoles publiques d'arts

Un des premiers et des plus notables abus de l'enseignement actuel des arts, est cette division d'écoles publiques, véritables séminaires de discordes et de préjugés, où chaque art, chaque partie d'un art ne reçoit qu'une mesure insuffisante d'instruction, où tous les principes s'isolent et se dénaturent, où tous les germes d'enseignement se dessèchent. Les arts du génie sont des plantes qui ont besoin de s'étayer par leur voisinage dans les pépinières où on les élève. Les arbres ne deviennent droits et vigoureux que dans les forêts où ils se pressent; l'arbre isolé devient noueux et rachitique.

Ces divisions d'enseignement furent aussi inconnues dans les écoles particulières que dans
les institutions publiques des beaux siècles qui
virent fleurir les arts. Sans remonter aux Grecs,
nous en trouvons la preuve dans tous les grands
hommes de l'Italie moderne, qu'on vit constamment réunir des connoissances pratiques dans
plus d'un art. Chacun des arts du dessin se dis-
pute aujourd'hui la propriété de ces noms fameux.

On feroit une liste trop nombreuse des
peintres, sculpteurs et architectes, qui ont
laissé la postérité, dans le doute du titre particulier sous lequel elle devoit les inscrire. On
y verroit paroître les noms fameux de Giotto
d'Orcagna, de Mantegna, de Michel-Ange, de
Raphaël, de Jules Romain, de Polidore, de
Vasari, de Pellegrin, Tibaldi, Daniel de
Volterre, Cigoli, Jean de Bologne, Dominiquain,
Cortone, Bernin, Carles Maratte, Algardi Bru-
nelescho, Ammanati Sansovino, Palladio San-
gallo, Bramante, Vignola, Alberti, Boromini
&c. &c. Il étoit aussi rare alors de n'exercer
qu'un seul art, qu'il l'est de nos jours de voir
un seul homme en professer plus d'un.

Qu'on ne croye pas que la théorie de chaque
art ait ainsi gagné à cet exercice exclusif, dans
lequel se sont renfermés les artistes modernes;

elle s'est appauvrie encore plus que la pratique. Bientôt la division de ce patrimoine commun qui pouvoit enrichir tous les arts, a rompu tous les liens de cette chaîne commune qui les unit, et l'on a vu des artistes inhabiles à juger même des parties de leur art. Il seroit trop long de nombrer tous les vices qui résultent de cette division d'enseignement.

N'est-il pas étrange que l'architecture, dont tous les principes reposent sur le dessin, où la connoissance des proportions de la nature, que l'architecture, ce point de réunion, des deux autres arts, si interressée à leur alliance, puisqu'elle ne sauroit faire un pas sans leur secours, que l'architecture, dis-je, s'enseigne dans un lieu séparé d'eux, par des maîtres étrangers à eux ?

Mais n'est-il pas plus étrange encore qu'on en soit venu au point de disséquer un art, d'en séparer la pratique de la théorie ? Qui croiroit qu'il existe dans Paris deux écoles d'architecture distinctes par le local, le choix des maîtres, la nature des leçons ? Que l'on montre dans l'une l'architecture, comme art de goût, et dans l'autre comme art de besoin ; qu'on aille ici pour apprendre à construire, et là pour apprendre à décorer ; qu'il y ait une école pour apprendre à faire un temple, et une autre école pour apprendre à faire un pont. On voit que je veux parler de l'institution des Ponts et chaussées, établissement utile pour la partie administrative des travaux itinéraires en France, mais qui n'auroit jamais dû s'approprier aucune des parties de l'enseignement relatif à l'architecture. Ce démembrement d'instruction, en décomposant l'essence de cet art, a porté le coup le plus funeste aux deux parties. Il a habitué les uns à croire que le goût dispense de la solidité et les autres que les calculs peuvent remplacer le génie.

Il existe à Paris une autre école séparée du tronc, dont elle n'est qu'une branche, c'est l'école gratuite du dessin. L'objet principal de son institution est de mettre l'étude de l'ornement à la portée des jeunes gens qui se destinent à l'exercice de ceux des arts méchaniques auxquels cette connoissance est indispensable. Elle prétend aussi donner les élémens du dessin à beaucoup d'artisans qui peuvent avoir besoin de ces leçons, pour tracer ou communiquer leurs pensées. Sous ce dernier point de vue, elle n'est qu'un établissement parasite; sous le premier, c'est un institution bâtarde. Il est visible que le goût, les principes et l'étude de l'ornement dérivent du goût, des principes et de l'étude des arts du dessin. Que fait donc cette école ainsi isolée, et que doit-elle devenir sans communication avec eux? Une école de mauvais goût, de préjugés et de routine.

Ramenons donc à un centre commun d'unité, toutes ces sections d'enseignement; rallions à un chef-lieu d'étude toutes ces écoles divisées. Que réunis, s'il est possible sous un même toît, ou du moins sous une même direction, tous ces arts s'embrassent de nouveau.

Formons une seule institution sous le nom *d'académie des arts du dessin*, pour établir une distinction entr'eux, et ceux qui dépendent d'un autre mode d'imitation.

Après cette unité d'organisation par la réunion en une seule des diverses écoles publiques que je viens de mentionner, il est une autre espèce d'unité que je voudrois procurer à cette académie, c'est l'unité d'objet dans son existence. Je m'explique.

Unité d'objet dans l'existence de l'académie.

Jusqu'à ce jour, l'académie de peinture et sculpture a eu une double existence : une existence relative à l'enseignement des arts, et une autre relative à la distinction des artistes. L'une utile, l'autre purement honorifique. Je sais, et ne redirai point toutes les causes auxquelles cette académie doit sa formation actuelle, ni celles qui firent germer dans son sein ces différentes classes qui la composent, et cette espèce d'hiérarchie dont la jalousie, peut-être, murmure plus que la raison. Je crois aussi injuste que superflu d'accuser ou de justifier sur tous ces points, une assemblée d'artistes obligés, jusqu'à ce jour, d'observer des loix qu'ils n'ont point faites, et qu'ils ne pouvoient défaire. Il ne faut point s'en prendre aux hommes des vices qui proviennent de la nature des choses.

Je dis donc que l'institution académique auroit dû et ne devroit avoir qu'un objet unique; l'enseignement public des arts. Ceux qui la composent ne devroient y être admis que comme les plus capables de professer et d'enseigner. Il faudroit, sans doute, que le choix se portât sur les maîtres les plus habiles; mais il ne faudroit pas qu'il pût flétrir d'une exception humiliante, tous ceux qui n'y auroient point part; il faut enfin qu'on puisse croire qu'il existe hors de l'académie des maîtres égaux en talens à ceux qui la formeront.

S'il en est autrement, ce corps deviendra toujours, par l'empire involontaire et irrésistible de l'opinion, un corps privilégié, dispensateur unique de la gloire et de la fortune, influant exclusivement

exclusivement sur le goût des élèves et du public, et cela est un très-grand mal.

Un corps enseignant, formé d'une élite des maîtres les plus accrédités, qui dirige par la force des leçons, des exemples et de l'autorité, les goûts et les habitudes de la jeunesse, exerce comme on le voit, un empire immense sur les facultés de l'esprit et sur le goût du peuple. Cet empire sera salutaire, si l'on veut, tant que le corps enseignant restera fidèle aux principes du beau et du vrai. Mais, si comme nombre d'exemples en prouvent la possibilité, le goût vient à s'y corrompre, si des principes vicieux s'y insinuent et viennent à gangrener sa doctrine et ses ouvrages, comment le remède pourra-t-il s'y introduire ? Quel moyen aurez vous d'en régénérer l'esprit, si vous n'avez ménagé d'avance le contrepoison à sa pernicieuse influence, si vous n'avez reservé hors de ce corps, des forces suffisantes pour en balancer le crédit ? C'est de la division des forces que résultera, dans le besoin, ce salutaire contrepoids de l'opinion. Mais cette division ne peut s'opérer qu'en ramenant l'institution académique, tant dans le nombre que dans le choix des maîtres, à l'unique objet de l'enseignement.

G

Cet heureux équilibre n'existe pas dans l'état actuel des choses, et cela, parce que l'académie a rssemblé dans son institution tous les pouvoirs capables d'influer sur le sort des arts.

Elle réunit ceux de l'enseignement par le choix des professeurs, et ceux de l'opinion ou de l'honneur par l'aggrégation illimitée des sujets.

Toute académie illimitée dans le nombre de ses membres, est facile ou sévère dans ses choix. Si, comme quelques-unes des académies d'Italie, elle ouvre ses portes au premier aspirant, elle devient, quant à l'opinion, nulle et de nul effet. Si comme celle de Paris, elle met à son accès des conditions sévères, si elle exige des titres dont elle seule se rend juge, elle exerce le plus grand despotisme d'opinion. Elle tirannise ma volonté, mon goût et l'exercice de mes facultés. Cela se prouve en deux mots.

Elle exerce un despotisme véritable sur ma volonté. Car, dès qu'il est reçu que tout le monde peut se faire ouvrir les portes de l'académie, en remplissant les conditions de la réception; dès qu'il est notoire que le défaut de titre d'académicien condamne à l'obscurité, que ce titre au contraire mène à la réputation, et que la réputation porte à la fortune, il est visible que

je suis contraint par la plus grande force possible, de solliciter l'entrée de l'académie.

Elle exerce un véritable despotisme sur mon goût
et sur l'exercice de mes facultés. Car du moment
que ma réputation et ma fortune dépendent de mon
aggrégation à l'académie, je suis forcé de chercher
les moyens d'y parvenir ; ne voit-on pas que
mon premier soin est d'étudier, non le meilleur
goût mais le goût de mes juges, non les principes que je croirai les meilleurs, mais ceux que
le tribunal académique jugera tels. Mais dans
l'hypothèse d'une académie viciée et corrom-
pue, je dois donc me corrompre par intérêt ;
je verrai le bien et je ferai le mal, *video melio-
ra proboque, deteriora sequor.* Je n'ai donc plus
la liberté de mes facultés.

J'entends qu'on me replique : rien ne vous
force d'entrer à l'académie ; mais je vous ai déja
fait voir que tout m'y forçoit. Ceux qui par-
lent ainsi, raisonnent en accapareurs. Ecoutez les,
ils vous diront aussi, rien ne vous force d'acheter.
Quoi, vous accaparez tous les moyens d'honneur et
de fortune ; on n'a d'estime que par le titre que vous
conférez ; on ne parvient aux places, aux ouvrages,
au droit d'exposition que par ce titre ; hors de vous
point d'existence ; et vous viendrez me dire que rien
ne me force : voulez vous jouer sur les mots, ou

croyez vous qu'il n'y ait de despotisme que dans la force physique? Je crains plus le despotisme moral, et il est le plus à craindre pour les choses qui ne vivent que de l'opinion.

Le moyen d'extirper ce vice, un des plus notables de l'académie actuelle est comme je l'ai dit, d'en simplifier l'objet et l'existence. Que les sièges où l'on s'asseoira dorénavant, ne soyent que des chaires d'enseignement et non des trônes d'orgueil ; que l'on ne voye dans ceux qui y seront apellés que des professeurs et non des souverains ; que le titre d'académicien annonce plutôt une charge pénible qu'une distinction de vanité ; qu'il soit la preuve du talent, mais non le privilège de l'exercer.

Pour parvenir à ce but, le premier soin doit être de limiter le nombre des places du corps enseignant. Par cette seule disposition vous faites disparoître en un instant, et tous les despotismes dont on a parlé, et cette tendance dépravée de toutes les volontés vers une distinction qui donnoit la fortune, et l'orgueil des uns et la jalousie des autres, et cette puérile ambition où venoit aboutir tous les efforts de la médiocrité, et où venoient quelquefois aussi se briser tous ceux du génie. Vous rendez la liberté à toutes les facultés ; vous donnez l'essor à tout

les genres de talent ; vous ramenez les principes d'une salutaire égalité.

Les institutions humaines sont susceptibles
d'une telle variété, dans tous leurs differens
objets, que la simple théorie systématique se
trouve souvent en défaut, si elle veut assujettir à
un cadre uniforme de principes, des établissemens
qui ne semblent susceptibles de conformité,
qu'à iceux qui en envisagent les superficies.
Ainsi il se pourroit que cette limitation
que j'invoque ici comme un moyen d'é-
galité et de liberté, fût ailleurs un élément
de despotisme et de privilège. Cette divergence
de conséquences que l'on voit sortir d'un
même principe, résulte de la différence d'élémens entre les diverses parties des sciences et des
arts, et sur-tout de la diversité de leur exercice.

Cette limitation, au reste, conserveroit encore
beaucoup d'abus, s'il n'en résultoit dans l'opinion, que l'idée d'un choix plus sévère ou d'une
élite plus flateuse ; l'influence de ce petit
nombre se renforceroit peut être d'autant plus,
si l'on avoit encore un grand ressort à y opposer.

En bornant à l'enseignement l'institution académique, en resserrant et limitant le nombre de
ses membres, nous aurons beaucoup fait contre

Liberté d'ex-
position publi-
que.

G 3

le despotisme moral qu'on peut en craindre. Mais il est un moyen de contrebalancer encore tous les dangers de l'opinion qui pourroient entourer ce petit nombre d'hommes. Ce moyen, je le regarde comme la réponse à toutes les objections, comme le remède à tous les abus, comme le préservatif universel. Il sera dans la république des arts, ce qu'est la liberté de la presse dans un état. C'est la libre exposition publique accordée indistinctement à tous les artistes dans le même lieu.

Je ne me permettrai pas de combattre en détail toutes les objections qu'on pourroit faire contre cette innovation, car je n'ai résolu de persuader, ni l'intérêt, ni l'orgueil, ni la mauvaise foi ; et je ne connois pas sur ce sujet, d'objections qui ne partent de l'un de ces trois vices. Mais j'observerai d'abord que cette liberté d'exposition seroit d'autant plus indispensable, que, d'après la réduction des places académiques, et le principe bien reconnu, que ces places ne doivent donner d'autre privilège que celui de faire mieux, les ouvrages des professeurs pourroient ne pas suffire à la mesure ordinaire des expositions publiques ; que beaucoup d'hommes de talent n'occupant point les places académiques, l'on priveroit et l'art et les artistes, et le public du plus grand avantage, de celui de l'émulation de la concurrence et de la comparaison.

J'observerai encore que cette liberté accordée à tous les artistes, devant multiplier le nombre des ouvrages à exposer, il faudra rendre les expositions plus fréquentes ; et qu'on satisfera probablement à tout, en faisant une exposition tous les ans, au lieu d'une tous les deux ans.

Mais je dois insister sur l'intérêt de cette innovation, parce qu'elle est de nature à éprouver de grandes contradictions.

Dans les pays où l'exposition publique des ouvrages des artistes est en usage, la liberté d'y participer me paroît un droit commun à tous, et qui tient aux principes du droit naturel. Le corps qui s'en approprieroit exclusivement les avantages, violeroit tous les élémens de justice et d'égalité naturelle. L'expression libre, et la communication des pensées a paru de droit naturel ; l'on a voulu que les moyens généraux qui l'opèrent, pussent appartenir à tous. Les moyens généraux de communiquer ses idées et de développer ses facultés dans les arts, doivent donc appartenir à tous. Le moyen général étant l'exposition publique, en priver quelques artistes, ce seroit comme si l'on interdisoit à quelques écrivains la liberté de la presse, et en les réduisant aux simples secours de l'écriture.

Si ce droit d'exposer publiquement et en commun ses ouvrages, cesse d'être la propriété de tous, il y a un privilège exclusif pour un certain nombre d'hommes. Mais un privilège ne doit s'accorder à un seul ou à plusieurs que pour l'avantage de tous. Lorsque la société l'accorde à l'inventeur d'une découverte ou d'une machine utile, ce n'est pas pour lui, mais pour elle qu'elle l'accorde ; ce n'est pas l'intérêt du particulier, mais l'intérêt de la chose publique qui le commande. Le privilège d'exposer les ouvrages, accordé à quelques-uns, ne pourroit donc se fonder que sur l'intérêt et l'avantage du plus grand nombre. Mais il y est directement opposé comme on va le voir.

Il contredit directement l'intérêt personnel de ceux qui, privés de ce droit, le sont parconséquent des moyens de faire montre de leurs talens, et de prétendre à la réputation ou à la fortune, ce qui est l'équivalent ; et le nombre de ceux là est le plus grand.

Il contrarie l'intérêt des arts qui ne vivent que d'émulation, parce qu'il ôte à une classe d'hommes, l'aiguillon d'une rivalité complette, et étouffe dans une autre les étincelles de l'ambition.

Il combat l'intérêt du public, qui, par l'effet

de ce régime exclusif, se trouve privé de connoître et d'apprécier tous les degrés du talent , et
des moyens même de l'encourager.

Il est donc clair que ce privilège favorise un
petit nombre, au préjudice du grand nombre ;
et c'est là un privilège essentiellement vicieux.

Qu'on n'objecte pas que tout le monde a le
droit d'exposer ses ouvrages chez soi : d'abord
une telle faculté ne sauroit être un droit : mais
d'ailleurs ne se trouve-t-elle pas même entièrement détruite par l'impossibilité physique où
la plupart des artistes est de la mettre en usage :
et puis, quelle différence entre cette exposition
privée, et celle où l'on a l'avantage du parallèle.

Qu'on ne dise pas qu'il y a d'autres moyens d'exposition à la portée de la classe non-privilégiée.
Car c'est-là précisément le vice que je combats
et qui consiste à établir entre les hommes d'autres disproportions que celle du mérite , à les
classer autrement que dans leurs talens , et autrement que par l'opinion.

La liberté de l'exposition publique sera le
plus grand bienfait que les arts puissent attendre d'une nouvelle constitution académique ;
ce sera le plus sûr rempart contre ces dangereuses
confédérations de l'esprit de corps ; ce sera
le préservatif contre tous les genres de corruption ; ce sera le creuset où se prépa-

feront tous les choix, où s'épureront tous les concours, où s'éprouveront toutes les prétentions ; ce sera sur ce théatre que la critique fera justice de tous ces demi-talens qui végètent à l'ombre de la protection académique ; ce sera la véritable mesure de tous les ouvrages, et le seul tribunal dont les arrêts seront irrévocables.

J'insiste sur cette institution, parce qu'indépendamment de toutes les considérations morales, je la regarde comme une des bases du plan que je propose, et le principal mobile des élections.

Conditions et formes des élections.

Le principe et le mode des élections auroient dû, ce semble, précéder toute autre discussion, puisque l'élection de quelque genre qu'elle soit est le principe créateur de notre institution. Cependant, c'est à dessein que j'ai renvoyé le développement de ce que j'ai à dire sur cette matière, après les objets que je viens de traiter; afin que dans le cas où la nature des choses ne permettroit pas d'adopter sur cet objet les principes d'élection populaire, on vit dans les institutions précédentes, les correctifs les plus puissans, au mode d'élection qu'on pourroit être forcé de préférer, tant pour l'instant, que pour l'avenir.

Il est encore une réflexion préliminaire que la justice veut que j'expose. Dans l'institution du nouveau gouvernement qui doit faire le bonheur de la France, rien n'a plus fortement frappé le législateur et le peuple que le vice des anciennes élections, qui émanoient toutes d'un pouvoir arbitraire. Les principes et l'experience se réunirent pour opérer subitement la réforme de tous ceux que l'intrigue ou l'argent avoient fait asseoir dans toutes les places.

Il s'en faut bien que le concours des principes et de l'expérience nous amènent au même résultat à l'égard de ceux qui occupent aujourd'hui les places dans l'académie de peinture et sculpture.

Quant aux principes, nous les discuterons tout à l'heure : quant à l'expérience, elle nous dit que les plus habiles maîtres composent cette académie ; on ne citeroit personne hors de son enceinte, ou repoussé par elle, qui pût le disputer à ceux qui y siègent ; et quant à quelques injustices intérieures dans le choix des professeurs, s'il en est, elles sont rares et de peu de durée. Rien par conséquent ne sembleroit solliciter le déplacement de ceux qui forment le corps académique, si l'on ne consultoit en général que les titres de mérite. Ainsi je pense que sa refonte pourroit s'opérer sans qu'elle fît éprouver de révolutions bien sensibles au plus grand nombre.

Je viens à la question des élections. Elle présente deux points à discuter ; l'un est le principe, l'autre est le mode de l'élection.

Le principe moral de toute élection est qu'elle doit être faite par ceux qui peuvent le mieux la faire , et qui ont le plus grand intérêt à ce qu'elle soit bien faite. D'après cela la nature des choses veut que le peuple choisisse par lui-même ses magistrats , parce qu'étant toujours intéressé à bien choisir , on suppose toujours qu'il trouve dans son intérêt les lumières nécessaires pour discerner ceux qui méritent sa confiance. Ainsi le pouvoir d'élection, dans le peuple, dérive, et de son droit comme peuple , et de l'idée morale que ses choix ne sauroient être mieux faits. C'est tellement la perfection des choix qui semble en être le principe, que le peuple se dessaisit du droit de choisir immédiatement certaines magistratures , lorsqu'il pense qu'elles seroient moins bien nommées par lui , qu'il rend quelques magistratures héréditaires, qu'il confie le soin de nommer quelques autres à des corps électoraux.

Je ne crois pas qu'il y ait d'autres principes pour l'élection de ceux qui doivent professer les arts ; mais il y a cette différence , que , dans

l'ordre politique, nous partons d'une base certaine, qui est le peuple, et que cette base nous
manque dans l'ordre de choses en question, de
manière que nous devons nous en tenir plutôt
au principe moral qui vise à la perfection de
l'élection , qu'au principe politique qui assure
les droits des électeurs.

Je dis que nous ne saurions trouver ici de
base correspondante à celle du peuple, dans
l'ordre poltique. Vous allez me faire jouer,
je m'en doute bien, le rôle de peuple à l'univer-
salité (sauf quelques exceptions) de ceux qui
exercent les arts , et c'est à cette masse d'individus que vous allez confier le pouvoir des
élections , mais abstraction faite de toutes les
difficultés que je vais vous faire sentir dans l'instant, je vous soutiens qu'il n'y a dans votre
similitude qu'un rapport de symétrie tout-à-fait
illusoire.

D'abord que fait le peuple en nommant un
magistrat? Il délègue une partie de sa force et
de son autorité à l'homme qu'il croit capable de
l'employer à sa faveur : et qu'est le magistrat?
Un homme qui reçoit du peuple une portion
d'autorité qui doit retourner au peuple.

Mais quel rapport y a t-il entre cela et votre
peuple d'artistes ? Quand il auroit le droit de con-

férer le titre propre à enseigner , en conféreroit-
il le talent et la faculté ? le droit d'enseigner ne
peut consister que dans le savoir, mais ce savoir
n'est pas comme le pouvoir , une émanation de
ceux qui nomment. Donc nulle parité dans la
nature des choses.

Mais il y en a encore moins dans les moyens.

Je conçois que le peuple doit ordinairement
bien choisir, parce qu'il faut peu de lumières
pour juger des qualités de ceux qu'il choisit,
ou que, lorsqu'il manque de ces lumières, il a son
intérêt ordinairement plus clairvoyant qu'on ne
pense , et que cet intérêt est le même pour
tous les hommes.

Mais votre peuple d'artistes se composera de
savans, de demi-savans et d'ignorans qui feront le plus grand nombre ; comme la pluralité
y décidera de tout , il est clair que les ignorans domineront ; comment donc pouvez-vous
espérer que les savans seront nommés par les
ignorans ? Vous obtiendrez donc un résultat contraire à celui que vous en attendez.

Qu'on ne dise pas que pareille chose arrive
aussi dans les élections du peuple. Je répondrai
que quand cela seroit , il faudroit encore que cela
fût, tant que cela lui plaira , parce que n'y ayant
rien au-dessus du peuple , rien ne peut lui faire la

loi d'être mieux qu'il ne veut être, mais qu'au dessus d'une école d'artistes, il y a beaucoup de choses, et sur-tout le peuple qui veut et doit vouloir qu'elle soit la meilleure possible, et qui a par conséquent le droit de lui prescrire la forme qui conférera le droit de choisir les savans à d'autres qu'aux ignorans.

Où seroit d'ailleurs, je le demande, au milieu d'une ville immense, le moyen de circonscrire ce peuple artiste ? quel seroit le mode de reconnoître les électeurs ? quelles seroient les conditions *d'activité* que la loi pourroit prescrire ? Si vous n'admetez aucune condition, chacun se fera artiste le jour qu'il voudra faire une élection. Si vous en admettez, comment définirez-vous la qualité d'artiste ? Quel sera le signe auquel vous les reconnoîtrez ; où sera leur cachet ?

La profession publique ?

Mais qu'entendez vous par là ? le talent n'a point d'enseigne ; cesseroit-on d'être artiste parce qu'on ne feroit point commerce de ses ouvrages ?

Le talent ?

Mais il vous faudra des juges pour l'apprecier, vous tomberez dans l'arbitraire et dans l'inconséquence.

L'âge ?

Mais Raphaël étoit un grand homme à vingt ans ; et Poussin, un écolier médiocre à trente-cinq.

Une inscription ou des grades aux écoles publiques ?

Mais ce ne seroit qu'une formalité qui ne vous mettroit pas à l'abri de voir les maîtres nommés par les écoliers , et puis que feriez-vous de ceux qui auroient appris leur art seuls, ou dans des écoles particulières ? Et que feriez-vous des étrangers qui se fixeroient chez - vous avec un talent formé ? Et puis vous tomberiez dans tous le danger des entraves scholastiques.

Il est donc évident que le principe politique des élections , ou celui qui repose sur le droit naturel , ne sauroit s'appliquer à une corporation d'artistes , parce qu'elle n'est point une république ; il est évident que le principe moral des élections ou celui qui tend à leur perfection, dans la supposition fantastique d'une république d'artistes , lui prescriroit encore d'ôter à la multitude ignorante le pouvoir des élections, à moins qu'on ne suppose une république d'artistes également habiles.

Le droit d'élire des maîtres n'étant autre chose que la faculté d'apprécier le talent , la science et les connoissances , ce droit ne peut appartenir

nir qu'aux plus savans. Ainsi, il doit résider dans le corps même de ceux qui composeront l'académie ou l'école. Ce n'est qu'à ce corps qu'on pourra prescrire l'adoption des formes républicaines pour le mode des élections.

Quant à ce mode, je divise encore en deux parties ce que j'ai à en dire; l'une regarde les éligibles ou les conditions de l'admission, et l'autre les électeurs ou les formalités de l'élection.

Je suppose le corps des académiciens ou professeurs, tout formé, et procédant à la nomination d'une place vacante. Je pense donc qu'on doit abolir l'usage des chefs d'œuvres ou morceaux de réception. Cette pratique qui se sent de l'ancien esprit des corporations, a pu avoir une utilité plausible, tant que les artistes forcés d'une part, de se faire ouvrir les portes de l'académie, celle-ci, devoit à son tour, exiger de l'aspirant inconnu, une espèce de caution dans un ouvrage qui lui répondît de sa capacité et garantît l'honneur du corps. L'on sait assez quels abus étoient attachés à cet usage; comment l'indulgence, l'espérance et quelquefois la pitié, décidèrent des jugemens; combien de petites considérations ont ouvert à de foibles essais les portes de l'académie. L'on sait combien l'arbitraire présidoit à ces arrêts rendus à huis clos; et l'on sait encore

H

combien de fois des ouvrages, fruits d'un effort momentanée, d'un hazard heureux, et quelquefois de secours empruntés, ont trompé les espérances qu'ils avoient fait naître.

Maintenant je voudrois que ce ne fût plus sur des espérances et des pronostics souvent trompeurs, ni sur la vue d'un seul ouvrage, que fût choisi l'homme destiné à l'enseignement public. J'exigerois une connoissance de son talent fondée sur une suite d'ouvrages et sur l'expérience de plusieurs années.

Ce seroit dans les expositions publiques que seroit ouvert et établi habituellement le concours aux places de professeurs. Ce seroit sur une suite de succès, que l'opinion publique devançant le choix des sujets, désigneroit ceux auxquels l'enseignement devroit être confié. Des avis particuliers avertiroient les prétendans de la place qui seroit à remplir, et jamais les nominations ne se feroient qu'après l'exposition devenue une arène ouverte à tous les combats de l'émulation.

On ne seroit admis aux places de professeur que sous l'un des trois titres de peintre, de sculpteur ou d'architecte. Aucune exclusion ne seroit prononcée contre aucun des genres dont on a fait des classes très-oiseuses. Si, dans quelqu'un de ces genres, il se trouvoit des hommes en état, de professer , la voie du concours leur seroit ouverte comme à tous les autres. En supprimant les morceaux de réception qui restoient à l'académie , comme monumens au moins historiques du goût de chaque génération, on pourroit exiger que chaque élu donnât , dans un espace de tems fixé, un ouvrage à son gré qui resteroit à l'académie.

Quant aux formes d'élection , elles seroient celles que tout le monde connoit. Une majorité quelconque de voix décideroit. Mais il faudroit que chaque place , dans chacun des trois arts , fut nommée par les trois classes d'artistes qui formeroient l'école.

Cependant cette première élection seroit encore une espèce de noviciat ; celui qui seroit admis dans l'académie ne seroit pas pour cela professeur de fait , parce que le nombre des académiciens excederoit toujours de beaucoup celui des professeurs actifs.

Le corps , que je propose de constituer , se composeroit de deux parties , une surveillante et inamovible , l'autre amovible et active.

Inamovibilité du corps.

J'ai beau voir quelques inconvéniens à cette permanence d'un corps académique , inconvéniens , toutes-fois auxquels on a remédié en grande partie , par les contre poids d'influence qu'on lui a ménagés , j'avoue que j'en vois encore davantage à composer un corps mobile , où les sujets passagers qui le composeroient , n'auroient ni le tems , ni la volonté de connoître leurs devoirs , et les loix qui régiroient l'institution; où l'exécution des règlemens , le maintien de la police et de la discipline intérieure, toujours livrés à des mains novices , essuyeroient sans cesse les erreurs et les omissions de l'inexpérience. L'inamovibilité du corps est d'ailleurs une suite nécessaire du système d'élection que j'ai adopté. J'ose dire même que sa nécessité est une confirmation nouvelle de ce système électif.

En effet , toute l'erreur de ceux qui invoquent ici les principes populaires , vient de ce qu'ils comparent des choses entierement différentes dans leurs élémens comme dans leur fin. C'est en vain qu'on voudroit comparer un corps enseignant aux corps municipaux. Dans le gouvernement de l'état on a établi une hiérarchie de pouvoir et de surveillance , dont l'effet est de comprimer toutes les parties de l'administration. Mais ici quel pouvoir supérieur vous répondroit dans une gestion transitoire, de l'exécution des statuts? Quel ressort réprimeroit les innovations accidentelles? Quelle responsabilité attendre d'individus

qui ne verroient au-dessus d'eux qu'un pouvoir
vague et indéterminé comme leurs fonctions?

Qu'on ne croye pas d'ailleurs qu'une institution du genre de celle qu'on propose seroit
uniquement bornée à la théorie et à la routine des
leçons. L'ensemble, dont elle se composera, exigera nécessairement du concert dans toutes ses
parties, de la tenue dans son administration,
et une suite dans toutes ses opérations. S'il falloit
n'employer à cette surveillance que des individus
passagers, il faudroit donc y attacher nécessairement, comme dans toutes les gestions quelcon-
ques, des subalternes salariés; ce qui augmen-
teroit beaucoup la dépense.

Il faut que le corps enseignant soit fixe
dans la généralité de ses membres, mais que la
partie activement enseignante puisse se renouveller.

Amovibilité du corps enseignant.

Ce seroit dans ce corps que seroient choisis
par la voie du scrutin, ceux qu'on appliqueroit
pour une ou deux années à la fonction active
de l'enseignement. On pourroit distinguer les places auxquelles on auroit droit d'être réélu, d'avec
celles qui demanderoient peut-être une rotation
continuelle de la part de tous les membres. Il
y auroit un salaire attaché à la fonction active
de professeur, et proportionné aux fatigues de

l'enseignement. On distinguera nécessairement deux sortes de places, celles d'enseignement et celles d'administration ; les premières consisteroient dans les diverses branches d'instruction relatives aux arts, les secondes comprendroient les places de président, vice-président, secrétaire, trésorier, &c.

Nombre des places. Le nombre des places académiques sera une des choses les plus importantes à fixer ; une des bases de cette fixation existera dans les considérations énoncées plus haut. Pour prévenir la trop grande influence d'un corps qui seroit censé renfermer ordinairement les plus habiles maîtres, nous avons vu qu'il étoit nécessaire de tenir toujours hors de son enceinte un nombre à peu près égal, de gens égaux en mérite ; c'est sur cette proportion morale qu'on établira le nombre des académiciens ; mais il en est une autre à consulter, c'est le nombre nécessaire des maîtres ou professeurs actifs. Il seroit à desirer que ce nombre fût le tiers de celui de l'académie entière, parce qu'il faut que la partie surveillante, soit toujours plus nombreuse que la partie agissante ; ainsi le nombre total sera assujetti à celui des différentes places d'enseignement. On croit que vingt quatre places de professeurs seroient très-suffisantes, ce qui porteroit à soixante douze le nombre des places académiques auxquelles on pourroit adjoindre quelques places pour des gens de lettres.

Je pense en outre que les trois arts du dessin étant égaux entre eux, et le nombre de ceux qui les exerce l'étant à peu-près aussi, il faudra admettre en nombre égal ceux qui professent chacun de ces arts. S'il en étoit autrement, et qu'un art l'emportât en nombre sur l'un des deux autres, on verroit bientôt naître, dans le choix des professeurs et des différentes places, une influence fâcheuse, et capable de semer dans le corps tous les germes de la discorde : d'ailleurs les places académiques, n'étant plus un objet de distinction ou de récompense, mais de confiance et de travail, on ne pourroit plus objecter à cette disposition d'égalité dans le nombre respectif des places, cette inégalité de faveurs que la nature se plait quelquefois à dispenser à un art, plutôt qu'à un autre. Nous ne devons plus calculer le nombre des places sur celui des hommes capables de les remplir, mais sur les besoins de l'enseignement ; les besoins de chaque art étant les mêmes, chacun a besoin d'un nombre égal de maîtres.

Je n'entrerai point ici dans tous les détails d'organisation partielle du corps académique.

H 4

On prévoit quelles seront les diverses relations du corps et de ses membres. On conçoit que, pour donner de l'unité à toutes les opérations, il faudra que la classe active des professeurs se concerte avec la classe surveillante, ce qui auroit lieu au moyen d'assemblées périodiques où les deux parties de l'académie n'en composeroient plus qu'une.

J'en ai dit assez pour faire connoître quelle devroit être l'esprit et la nature du nouvel établissement, qui, comme l'on voit, se formeroit avec très-peu de difficultés, des matériaux de l'ancien.

J'ai indiqué les bases principales du système d'organisation académique, et ces bases sont, *l'utilité d'école, ou la réunion de tous les corps publics d'enseignement relatif aux arts ; l'unité d'objet dans l'essence de l'académie, rapportée uniquement à l'enseignement ; la limitation des places académiques, la liberté d'exposition publique, les conditions et les formes des élections, l'inamovibilité du corps enseignant, l'amovibilité des membres commis à l'enseignement, le nombre des places, l'égalité respective de ces places entre les trois arts.*

Il faut parler maintenant du système d'enseignement.

CHAPITRE III.

Du systême d'enseignement

Je n'embrasserai pas, sous ce titre, tous les détails de police et de discipline intérieure que la loi sans doute doit fixer, mais que cette théorie préliminaire ne sauroit prévoir. C'est d'abord de l'esprit de l'enseignement, et ensuite de sa méthode que je dois parler.

Je pense que cet esprit doit varier selon la différence des institutions d'enseignement, la nature de leur objet, et celle de leurs moyens. Une école d'arts, c'est-à-dire, où l'on enseigne l'imitation du beau et du vrai, d'après des principes dont les élémens dépendent de l'intelligence, et par des moyens qui s'adressent au sentiment et au génie; une école dont les élèves, arrivés ordinairement à l'âge de la raison, doivent en suivre les inspirations, et ne doivent être conduits vers les leçons publiques, que par le desir d'apprendre et l'aiguillon de l'ambition, une telle école, dis-je, se réglera sur l'esprit de la plus grande liberté dans tous ses procédés et toutes ses formules d'instruction. Il faut qu'on en supprime tout ce qui tient au régime scholastique d'un collège d'enfans, qu'on aggrandiss tous les ressorts de l'émulation, qu'on annoblisse, par un cours libre et simple d'instruction, les objets d'enseignemens. Il faut enfin qu'une pareille institution ressemble plus à un lycée qu'à une école.

Il faut que tout homme qu'anime la passion de la gloire dans la noble carrière des arts, puisse trouver tous les secours capables de faciliter ou d'abréger sa marche; il faut que notre école lui présente tous les genres de leçons et d'exemples; il faut enfin qu'il n'ait jamais à lui reprocher, ni le défaut de culture, ni une recherche inconsidérée de soins capables de contrarier la nature. C'est-à-dire qu'il faut que l'école n'enseigne ni trop ni trop peu; c'est en cela que consistera le véritable et juste esprit de notre institution.

Défaut d'enseignement de l'académie actuelle. Ce défaut d'enseigner trop et trop peu me paroît être le défaut essentiel de l'académie actuelle. Je trouve qu'elle enseigne trop, parce qu'ayant réduit l'enseignement à un cours de procédés exclusifs, hors desquels l'élève ne trouveroit plus de moyens d'apprendre, elle comprime l'essor de toutes les facultés par une règle monotone et impérieuse. Elle enseigne trop, c'est-à-dire qu'elle place tous les appâts de l'émulation, au bout d'une seule route par laquelle elle contraint tout le monde de passer. Elle enseigne trop , en ce qu'elle s'est ménagée une action trop immédiate sur la direction des talens , en instituant cette multitude de petits grades d'une émulation mesquine, qu'il faut ordinairement passer pour arriver à ce qu'on appelle le comble de la gloire; c'est-à-dire au titre d'académicien. Je me trompe au reste , en disant qu'elle enseigne trop; je devois dire: elle régente trop.

Mais il est bien plus aisé encore de prouver qu'elle enseigne trop peu. On peut dire même qu'à le prendre dans l'acception du mot, l'enseignement y est nul.

Toute l'action de l'enseignement individuel de la part des maîtres, se concentre dans une douzaine de professeurs ou d'adjoints, qui , chacun à tour de rôle, posent le modèle pendant un mois, et surveillent les étudians plutôt qu'ils ne revisent leurs ouvrages. Quelque puisse être au reste le zèle du professeur dans cette révision, on conçoit que le nombre des étudians, le peu de tems que tient l'école, réduisent cet acte d'enseignement, à une formalité à peu près nulle.

L'action de l'enseignement, de la part du corps académique, se réduit à juger tous les petits concours périodiques, institués pour entretenir l'émulation parmi les élèves. Tout cela consiste en jugement de places, en distribution de medailles et de prix. Aucune espèce de théorie ne dirige les procédés puérils de cette pratique fausse et minutieuse. On peut avoir été trente ans professeur sans avoir proféré une seule parole. Cette manière de professorat est en quelque sorte muette et passive. Voilà pour les maîtres.

Voici pour les élèves. Le seul secours qu'ils retirent de l'enseignement public, est l'étude gratuite du *modèle*. C'est l'unique objet de leurs travaux, c'est l'unique moyen d'avancement, puisque c'est toujours sur cette imitation qu'est fondée la plus grande partie des concours. Cette manière d'apprendre est tellement exclusive, qu'on diroit que ce modèle posé sur sa table, semblable à la *règle* de Polyctète, est toute l'académie, et qu'on pourroit se passer des maîtres.

Abus de l'étude du modèle. Oui sans doute, me répondront quelques-uns d'entr'eux, car les leçons de la nature valent mieux que celle des maîtres. J'en suis d'accord avec vous, mais expliquons-nous sur cet objet que je regarde comme un des plus essentiels dans l'enseignement des arts du dessin.

Vous vous abusez étrangement quand vous prenez l'étude du modèle pour l'étude de la nature. Le modèle est bien dans la nature, mais il ne s'ensuit pas de là que la nature soit dans le modèle. La nature est l'espèce, le modèle n'est qu'un individu de l'espèce. L'étude de la nature

n'est donc autre chose que l'étude de l'espèce.
A coup sûr, cette étude ne sauroit se renfermer
dans un seul individu, à moins que cet individu
ne se suppose le type de toutes les beautés et
de toutes les perfections. Mais ce complément
de toutes les perfections naturelles ne sauroit
exister que dans les ouvrages de l'art, et encore
jusqu'à une certaine mesure. La nature, dans la
génération des êtres, est exposée à trop d'ac-
cidens. Joignez y ceux de l'éducation et de toutes
les circonstances qui environnent l'homme en
société, vous aurez la preuve que la perfection
dans un modèle est une chimère de l'imagination.
L'art ne peut la réaliser cette chimère, que par
la réunion de toutes les beautés éparses dans les
individus de l'espèce, et cette recherche où l'é-
tude de ce qui peut opérer cette réunion qui
est la perfection, est véritablement l'étude de
la nature.

Si cela est, l'autre étude, ou celle qui se borne
à la copie d'un seul individu, n'est que l'étude
de l'imperfection.

La grande cause de la supériorité des Grecs,
dans ces arts d'imitation, fut la facilité qu'ils
avoient d'étudier la perfection dans la nature.
Tous leurs monumens font foi de leurs ressources
en ce genre. On n'apperçoit point dans leurs

figures qu'elles aient jamais été la copie d'un seul individu isolé, comme cela se voit dans toutes les figures modernes.

La différence qui existe entr'eux et nous à cet égard, c'est qu'ils avoient la nature pour modèle, lorsque nous n'avons qu'un modèle pour nature.

Cette étude du modèle où se concentre toute l'activité de l'enseignement actuel, en montre complettement l'insuffisance et la nullité. On ne sauroit dire combien de vices résultent de cette étude exclusive, s'il en est quelqu'un qui n'en résulte pas. Indépendamment de cette aberration de principes, il faut dire que cette habitude de copier et de recopier sans cesse ce même individu gagé pour se laisser défigurer dans toutes sortes de postures bizarres et fausses, pervertit entièrement les facultés de l'invention, quand elle ne les appauvrit pas. De cette redite continuelle de figures sans mouvement, sans caractère et sans expression, résulte ce style privé de vérité, de caractère et d'expression, que les artistes ont désigné eux-mêmes du mot qui en indique la cause : *style académique.*

Réforme et amélioration de cette étude.
Une des premières choses à réformer dans notre école, tant du côté de l'esprit que du côté de la méthode, est cette étude du modèle.

Tant que les artistes seront privés de la vue

habituelle de la nature, il faudra bien se contenter des moyens imparfaits par lesquels une école peut y suppléer. Tout ce que je viens de dire tend moins à supprimer qu'à améliorer cette étude. Il y aura deux moyens d'y parvenir.

L'un consistera à augmenter et à multiplier le plus qu'il sera possible le nombre des modèles, et à faire passer sous les yeux des étudians, le plus qu'il se pourra, d'individus de tout âge, de tout sexe et de tout caractère. N'est-il pas ridicule qu'on se croie instruit dans la nature, pour avoir vu, pendant dix ans, le même homme que les générations successives d'artistes se transmettent jusqu'à ce qu'il meure de vieillesse. N'est-il pas ridicule que ce même homme soit le modèle universel pour les dieux, pour les héros, pour les hommes ? Il va être tour-à-tour Apollon, Mars, Jupiter, Adonis, Hercule, Narcisse, etc. Enfin l'on reconnoîtra au portrait du même modèle, tous les ouvrages d'un demi siècle.

Il me semble que le soin du choix et du renouvellement de modèles, devroit entrer dans les fonctions de ceux qui seroient chargés de cette partie de l'enseignement. Il ne seroit pas nécessaire qu'ils fussent tous gagés à l'année, et salariés par l'académie.

Le second moyen d'ôter à cette étude les inconvéniens qu'on y connoît, sans contrarier en
rien le goût ni les différens systêmes des étudians,
seroit de lui ôter ce qu'elle a eu jusqu'à ce jour
d'exclusif d'une part, en supprimant tous ces
petits concours scholastiques qui, par les amorces
d'une émulation très-puérile, dirigent vers ce but
unique, tous les efforts des élèves, de l'autre
en ouvrant d'autres cours d'études qui pourroient
servir de correctif à celle-là.

Étude de
l'antique.

La seule manière d'étendre, sur les principes
généraux de la nature, la vue des étudians que
l'étude bornée d'un modèle a, jusqu'à ce jour,
rétréci dans le cercle d'une imitation très-partielle
et très-incomplette, seroit d'offrir en grand et
avec prodigalité, le spectacle des monumens de
l'antiquité, et de ce qu'on appelle les figures
antiques. C'est là que la nature semble avoir
imprimé ses proportions immuables, et écrit en
grands caractères tous les principes du beau,
tous les élémens de la perfection.

Galerie à
former d'an-
tiques origi-
naux.

Je voudrois qu'on formât une galerie de statues
antiques originales, parce qu'il y a dans ces monumens originaux, je ne sais quel caractère de
beauté, je ne sais quel préjugé de respect, je
ne sais quelle authenticité et quelle vivacité
de leçons, que jamais l'empreinte en plâtre de

ces

ces statues ne communique. Cette galerie se composeroit à peu de frais, par la réunion de tous
les monumens dispersés et inconnus en France.
J'ai fait un relevé de tous ces monumens dont
on pourroit en trois mois de tems faire un recueil, et j'avance que l'on pourroit, sans acquisition étrangère, compter dans cette galerie,
plus d'une centaine de statues antiques et originales, sans parler de tous les autres morceaux
d'antiquité que l'insousciance de ceux qui nous
ont précédé, ont fait tomber dans l'oubli, ou
dans un état qui doit en occasionner le mépris.

Une galerie de plâtres moulés sur les figures
classiques de l'antiquité et sur tous les objets capables de donner des leçons dans toutes les parties de l'art, seroit, je l'avoue, une dépense nouvelle à faire. A peine de tous les débris pou-
dreux dont se compose la salle faussement ditte
des antiques, pourroit on tirer plus de cinq ou
six figures entières, les sales de l'académie n'en
comportent pas un plus grand nombre. Cette
dépense pourroit se prélever dans quelques éco-
nomies faciles à faire sur les revenus attachés à
l'école de Rome, mais ce qui est incontestable, c'est qu'une telle institution est de nécessité première dans la formation de notre école.

Galerie de
plâtres anti-
ques.

I

Galerie d'or-
nemens anti-
ques.

Un autre sorte aussi indispensable de modèles à présenter aux étudians seroit une collection d'ornemens antiques, des plus beaux rinceaux, des chapiteaux, d'enroulemens, de frises d'architecture, de vases, de candelabres, et autres objets principalement relatifs aux décorateurs et à ceux qui étudient l'ornement. Cette galerie seroit, comme on le voit, l'école gratuite du dessin, où l'ornement ne s'enseigne que sur des dessins copiés sur d'autres dessins, et où les vrais modèles du goût ne sont soupçonnés, ni de ceux qui y donnent, ni de ceux qui y recoivent des leçons.

L'école d'architecture incorporée à notre institution, profiteroit d'une manière plus directe de tous les avantages que la vue de la nature et des modèles de l'antiquité mettroient ses élèves immédiatement à portée de se procurer. J'ai déja dit que les deux parties qui composent cet art devoient se raprocher sous une direction unique, et je ne verrois de changemens à apporter à la manière dont se donnent les leçons d'architecture, que ceux dont j'ai indiqué la nature dans le changement d'esprit et de méthode que doit subir l'éducation des arts.

Cinq espè-
ces de classes
pratiques.

Je vois donc maintenant dans le corps de notre école cinq espèces de classes, qu'on pourroit appeller pratiques.

Celle de la nature ou du modèle.

Celle de l'antique.

Celle de l'ornement.

Celle de l'architecture.

Celle de la construction.

J'apelle ces classes pratiques, parce que les élèves qui les fréquenteront y essayeront ou y exerceront leurs talens par le secours de la main, et que les leçons qu'ils y recevront, seront plutôt des exemples à imiter que des instructions à retenir.

Mais on ne feroit qu'une école incomplette malgré l'amélioration de tous ces moyens d'enseignement, si à ces différens cours de pratique on n'ajoutoit les avantages de la théorie par l'établissement de différententes chaires.

Cette innovation est d'autant plus nécessaire, que l'exercice des arts en grand se fonde sur certaines connoissances dont l'acquisition demande des secours, des moyens et un tems, que la plupart de ceux qui apprennent, sont incapables de se procurer. L'on peut affirmer que les recherches qu'exigent ces connoissances, préjudicieroient beaucoup à l'étude pratique des arts ; il faut donc que notre institution vienne au secours des étudians et leur épargne des fatigues souvent inutiles.

Je trouve qu'il y auroit à établir cinq autres cours d'études ou classes de simple théorie.

Cinq espèces de classes théoriques.

Ces classes occuperoient un moindre nombre de maîtres, parce qu'elles ne s'ouvriroient que certains jours fixés.

Histoire.

La première classe seroit celle de l'histoire. L'on feroit un cours abrégé de la connoissance des peuples anciens et modernes, et particuliérement dans leurs rapports avec les arts et les sujets qu'ils traitent. La partie historique des arts devroit être développée avec étendue.

Costume et antiquité.

La seconde classe, seroit celle du costume et de l'antiquité. Le professeur de ce cours d'étude devroit faire d'après tous les monumens, une collection des habillemens de tous les peuples; en faire la démonstration avec des étoffes et sur des manequins. L'étude du costume ne se borne pas aux habillemens. Elle embrasse la connoissance des usages, des cérémonies religieuses et civiles, des meubles et ustensiles, des différens goûts d'architecture, de tout ce qui est un sujet d'erreur, d'anachronisme et d'équivoques continuelles pour tous les artistes.

Optique et perspective.

La troisième classe seroit celle d'optique et de perspective. Pour en démontrer la nécessité, il suffira de dire que la plupart de nos meilleurs peintres, faute d'avoir trouvé des leçons en ce genre, se trouve dans l'alternative habituelle, ou de pécher contre ses principes les plus élémentaires, ce dont presque tous les tableaux font foi, ou d'avoir recours à une main étrangère pour tracer les lignes des édifices et des fabriques qui font le champ de leurs tableaux; c'est sur quoi je ne crains point d'être démenti.

Il faudroit une classe d'anatomie qui seroit la quatrième ; celle-ci est de nature à dispenser qu'on en fasse sentir la nécessité. Ce cours d'étude se diviseroit en étude pratique, qui ne peut avoir lieu que pendant un tems de l'année, et en étude théorique dont les leçons et les démonstrations se peuvent faire en tout tems, sur les ouvrages de l'art, sur les copies anatomiques, et d'après les livres ou traités écrits sur cette matière.

La géométrie et les mathématiques seroient l'objet de la cinquième classe, qu'on auroit pu placer la première si l'on avoit eu égard qu'à son importance. Cette science en effet, est une des bases des arts du dessin ; ses relations avec la peinture et la sculpture ne sont pas équivoques; mais réunissant dans notre école l'architecture, on se dispensera d'alleguer aucune preuve de son utilité.

I 3

Chacune de ses classes auroit ses jours et ses heures combinés de manière que l'on pût allier leurs leçons avec le cours habituel des études pratiques, dont on a rendu compte.

L'académie des arts du dessin se composeroit donc de deux sortes de classe ou cours d'étude, les uns de pratique, les autres de théorie. Les classes pratiques qui exigent une surveillance plus habituelle, exigeroient aussi un plus grand nombre de professeurs, qui par mois ou par quartier se succéderoient. Les autres dépendant plus particulièrement de l'instruction vocale, n'auroient qu'un seul professeur dont les leçons seroient fixées à une ou plusieurs fois la semaine ou le mois, selon la nature de la science.

Une école publique, d'après les principes que j'ai établis, n'étant fondée en grande partie que pour subvenir à l'insuffisance des ressources particulières, tant du maître pour enseigner, que de l'élève pous apprendre, on voit par cette réunion de documens indispensables, qu'il est peu d'objets d'enseignement qui sollicitent davantage une telle institution.

Il faudra, je le répète, que tous ces cours d'études, excepté les loix de police et de discipline qu'exigent les établissemens publics, respirent la liberté la plus entière et en affichent tous les déhors , que rien ne contraigne les élèves dans le choix de leurs études , dans le cours des leçons qu'ils préféreront , dans la dispensation des momens qu'ils y consacreront.

J'ai déja dit qu'il faudroit abolir tout ce petit train de concours auxquels les élèves sont assujettis , tous moyens plus propres à faire des écoliers que des hommes , moyens qui nourrissent, si l'on veut, l'émulation, mais qui l'alimentent de trop peu de choses, qui apprennent de trop bonne heure à ne chercher le mérite que pour le signe qui en est le prix , qui habituent à ne se mesurer que sur ses voisins qui ressèrent souvent l'ambition dans le cercle étroit de la jalousie , qui détournent la pensée des grands points de comparaison, pour satisfaire à moins de frais le vanité, qui peuvent flatter l'amour propre , mais qui n'élèvent jamais l'ame jusqu'à l'orgueil de bien faire.

Il est cependant parmi les élèves un con- *Prix de Rome.* cours qu'il me paroît indispensable de conserver, c'est celui du grand prix , établissement bien vu quant à son but, mais dont l'esprit ne le cède point à son objet, en ce qu'il donne au talent la plus belle des récompenses, c'est-à-dire, les moyens de s'accroître et de fortifier.

I 4

Je ne verrois peut-être d'autre changement à apporter dans ce concours , qu'un peu plus de valeur et d'extension par une plus grande concurrence. On pourroit lui donner cette valeur, en faisant en sorte qu'il soit précédé d'un autre concours préliminaire , auquel seroient admis tous ceux qui se seroient fait inscrire quelques jours d'avance. Les vainqueurs à ce premier concours et qui pourroient être au nombre de douze ou quinze , auroient seuls le droit de disputer le grand prix. Il y auroit sur cet objet d'autres réflexions de détail à faire que ce mémoire ne comporte pas.

École de Rome. Je n'en vois qu'une importante à faire sur l'école de Rome , à laquelle je pense qu'on doit laisser toute l'authenticité qu'elle a. Je ne veux point parler des petites vues d'économie dont cet établissement pourroit être susceptible. C'est au tems à les opérer. Mais je pense qu'on devroit , sans cesser d'avoir un chef-lieu à Rome , procurer aux élèves pensionnés , des moyens d'étude plus libres en Italie. Il faudroit que chacun fût le maître , selon la nature de son goût et du style qu'il auroit adopté , de séjourner à volonté dans les diverses villes d'Italie, dont les écoles seroient plus d'accord avec le genre de son talent. Pour cet effet , il faudroit

qu'au lieu d'être attaché à l'académie de Rome,
comme on l'est aujourd'hui, chaque sujet, pensionné individuellement, pût porter, où il le
voudroit avec lui, les avantages de cette pension.
Le directeur de l'académie de Rome veilleroit
aux moyens de satisfaire à ces divers besoins.
La surveillance du directeur, sur les études,
doit-être comptée pour fort peu de chose.
L'intérêt personnel seroit une plus sûre caution
des progrès de chaque élève. Il seroit tenu d'envoyer annuellement un ouvrage qui mît à portée
d'en juger. La conservation de sa pension dé-
pendroit de la manière dont il rempliroit ses
engagemens.

J'observerai encore, à cet égard, qu'il con-
viendroit de continuer, au sujet pensionné, le
montant, ou au moins la moitié de sa pension
pour une année seulement à son retour d'I-
talie, et à dater du terme où elle expire; cet
article n'a pas besoin de développemet.

CHAPITRE IV.

Du système d'encouragemens.

Je vais considérer ce que j'ai à dire des encouragemens à donner aux arts, sous le rapport de leur meilleure dispensation possible, et de leur application, et sous le rapport qu'ils pourroient avoir avec toutes les parties de la France, par l'effet d'un plan nouveau que je proposérai sur cet objet; c'est-à-dire, que je vais parler de la manière de dispenser les encouragemens, et de la manière d'intéresser la nation entière aux sacrifices que peuvent exiger les encouragemens.

De la manière de dispenser les encouragemens.

Concours publics. — Je me hâte de mettre en tête de tous les les moyens d'encouragemens, les concours publics, et la facilité que tous auront d'y participer.

Le concours doit-être de deux espèces, et s'envisager sous deux points de vue. Il doit avoir une existence vague et indéterminée dans les expositions publiques ; il doit-être susceptible de se particulariser pour tous les ouvrages payés par le public, où toutes les fois que des entreprises privées en solliciteront l'existence.

Dans le premier cas, le concours indéterminé qui consistera dans le combat libre et arbitraire de tous les talens aux expositions publiques, servira de mesure à la dispensation d'encouragemens qui ne pourroient avoir lieu sans cela. C'est qui s'expliquera plus bas.

Dans le second cas, le concours est lui-même l'encouragement, et il aura lieu particulièrement pour l'architecture, cet art qui par la nature de ses ouvrages ne sauroit être dans le cas de participer aux encouragemens directs que recevront les autres arts.

L'objet du concours doit être de s'assurer du choix du meilleur ouvrage, ou du choix de l'artiste le plus capable de le faire.

Pour être assuré du choix du meilleur ouvrage, il faudroit que l'ouvrage lui-même concourût, c'est-à-dire, qu'il faudroit qu'on pût choisir entre des ouvrages finis. Ce genre de concours aura difficilement lieu pour les ou-

vrages de peinture et de sculpture, parce que
la dépense qu'ils entraînent, empêchera toujours
les artistes d'en faire les avances, dans l'espoir
incertain d'un triomphe éventuel. Mais on
comprend que ce concours ne sauroit jamais
avoir lieu pour les monumens d'architecture.
Reste-donc à faire choix des artistes.

Ce sont en effet ordinairement plutôt les
artistes que les ouvrages qui concourent. Mais
comment concourent-t'ils ? Ce n'est point par
leurs ouvrages, mais par des esquisses ou des
projets d'ouvrage. Voilà ce qui rend et les
concours très douteux, et leurs jugemens très-
arbitraires et très-difficiles.

On obtiendroit donc peu de choses en général de l'effet de ces concours par esquisses,
si le jugement des juges ne se combinoit et de
l'appréciation de ces essais mis au concours,
et de l'évaluation des artistes par la connoissance qu'on auroit pu acquérir de leurs talens
définitifs aux expositions publiques ; ce qui
prouve de nouveau combien cette liberté d'exposition est indispensablement liée à la liberté
des concours.

Ceci n'a besoin d'explication que pour ceux
qui ne connoissent point les procédés des arts;

mais un exemple va leur faire comprendre
ma pensée.

La statue de J.-J. Rousseau vient d'être dé-
crétée par l'assemblée nationale ; elle sera payée
par le trésor public ; elle doit donc être adju-
gée au concours public.

Je suppose toutes les formalités du concours
et le choix des juges déterminés. Sur quoi vont
concourrir les artistes, qui prétendront à l'honneur de cet ouvrage ? Ce sera sur ce qu'on
appelle des esquisses en terre, dont la hauteur
ordinairement ne passe pas celle d'un pied ;
mais une esquisse en petit, ne comportant, ni
un caractère décidé, ni étude, ni exécution,
met, beaucoup plus qu'on ne pense, les savans de niveau avec les ignorans. On ne peut
ordinairement, sur une esquisse, juger que du
motif général de l'idée et du parti de l'ensemble.

Les artistes savent combien sont souvent
trompeurs ces essais, et combien de fois l'exécution en grand, a démenti tout ce qu'avoit pro-
mis l'esquisse en petit. Les juges qui n'auroient
à se déterminer que sur la comparaison de ces
montres de talent, abstraction faite de la connoissance des hommes, choisiront donc bien souvent au hazard. Mais il y a plus ; dans l'état actuel
de division de tous les procédés d'un même art,

tel qui aura peut-être dû à des secours étrangers le motif et l'idée de la figure préférée,
ignorant tous les procédés d'exécution sera obligé
d'en confier le soin à une main étrangère;
celui dont vous admirerez l'invention dans
une esquisse en terre, incapable de manier le
ciseau, invoquera à son secours l'industrie
technique d'un autre, et cette figure qui vous
aura paru la meilleure en petit, deviendra peut-
être la pire de tout en marbre.

On pourroit dire la même chose de la peinture, dont les esquisses sont souvent des pronostics si trompeurs, quoique le méchanisme
de cet art n'ait jamais pu se décomposer,
comme celui de la sculpture; mais c'est sur-
tout à l'architecture qu'il sera bien important
d'appliquer les réflexions précédentes.

D'abord la facilité d'emprunter des secours
étrangers dans la conception et même l'exécution linéaire des projets, exige qu'on se défie
de ces jugemens isolés qui voudroient se borner à la simple appréciation des ouvrages concurrens. Ensuite il y a quelquefois si loin, dans
un projet et dans l'auteur qui l'a conçu, de
l'apparence de goût et de talent, à la réalité
des moyens d'exécution, qu'on ne sauroit ordinairement trop combiner le jugement qu'on
portera, de la connoissance personnelle de l'ar-

tiste lui-même, et de la garantie que des ouvrages antécédens pourront donner de sa capacité.

Mais le point le plus difficile à résoudre dans
l'institution des concours, est le choix des juges.
S'il falloit pour chaque objet, qui solliciteroit
le concours, faire des choix exprès, on tom-
beroit dans tous les inconvéniens décrits à l'article des élections. Cette corporation d'artistes,
ou seroit toujours en mouvement, pour faire
des élections, ou, comme il n'y a pas lieu d'en
douter d'après une plus grande expérience, ces
assemblées électives, désertées par le plus grand
nombre, seroient livrées aux intrigues du petit nombre d'artistes, auxquels un loisir peu
honorable permettroit de se livrer aux ma-
nœuvres et à la tactique des assemblées élec-
torales.

D'un autre côté s'en remettre de tous ces
jugemens au corps académique, c'est lui livrer
des moyens prodigieux d'influence sur le goût,
c'est l'exposer lui-même aux dangers d'une prédilection involontaire envers ceux de ses membres, qui pourroient être au nombre des concurrens.

Voici ce que je proposerois à cet égard.

D'abord, pour condition première, tous les
concours seroient exposés au public. Dans des

Juges des
concours.

matières où aucune loi positive ne peut fixer l'opinion des juges , et qui, dépendant du goût, sont toujours du ressort de l'arbitraire, il n'y a pas d'autre contrepoids au danger de cet arbitraire , que le jugement du public. Lorsqu'il aura préparé celui des juges définitifs, l'on n'aura rien à craindre de la séduction et de l'influence des intérêts personnels. Chacun sera le maître de développer ses raisons, aiguisées par la critique, et de les envoyer comme instruction aux juges en dernier ressort.

Quant à ceux-ci, voici comment j'en concevrois la composition. L'académie nommeroit pour juges définitifs du concours un petit nombre que je suppose être de quatre , choisi parmi ceux qui n'auroient point concouru, qui seroient les plus intelligens dans le genre d'ouvrage, qui feroit le sujet du concours , et qui seroient connus pour avoir avec les concurrens le moins de relation possible. Ces quatre juges seroient obligés de s'en associer quatre autres, pris hors de l'académie , avec les mêmes conditions. Les noms de ces huit juges seroient affichés et connus, de manière que si quelque relation de parenté ou d'intérêt se découvroit entre quelqu'un d'eux et quelqu'un des concurrens , il fût obligé de se récuser. Voilà le mode
que

que je crois le plus simple, le plus impartial, et le moins sujet à inconvénient.

Il est essentiel de bien simplifier ce mode, parce que nous aurons souvent besoin d'y avoir recours, pour la dispensation des encouragemens à accorder aux arts et aux artistes.

Ce n'est pas sans objet que j'ai dit, au commencement de cet écrit, que, pour bien encourager les arts, il falloit les bien connoître, et qu'il valoit mieux ne les protéger pas, que de les protéger mal.

Maintenant qu'on a pu apprécier, par-tout ce qui a été dit, la nature des arts, les soins qu'exige leur culture, on comprendra ce que je vais dire, lorsque je proposerai d'appliquer une partie des encouragemens aux arts, et l'autre aux artistes. Encourager les arts, signifie leur fournir des sujets, qui soyent au niveau des grands efforts de l'invention, et qui ayent pour objet la recherche du beau idéal, c'est-à-dire, ce qu'on appelle ordinairement des sujets héroïques ou historiques. Encourager les artistes, signifie leur procurer, par des travaux, les moyens de subsistance ou de fortune, ce qui se peut faire en leur fournissant indistinctement toute sorte de genres d'ouvrages. Ainsi par exemple, les statues des grands hommes Fran-

Distinction dans la nature des encouragemens.

K

çais ont été jusqu'à présent des encouragemens donnés aux artistes plutôt qu'aux arts. Il y a, comme l'on voit, une grande différence entre l'un et l'autre.

Somme an- Il sera bien important que l'on augmente la
nuelle. somme annuelle des encouragemens, ce qui se pourra faire par la seule économie que produira la réunion en une seule école, des quatre écoles partielles dans lesquelles se divise aujourd'hui tout ce qui a rapport à l'enseignement des arts du dessin. Quelque parti que prenne à cet égard L'A. N. on croit que pour féconder d'une manière active toutes les branches des arts, cette somme doit monter au moins à 100,000 liv. par an.

Emploi de Je pense que moitié de cette somme devroit
cette somme. s'employer annuellement à ce que j'appelle l'encouragement des arts, c'est-à-dire, à faire faire des statues nues, et des tableaux d'histoire, ce qui feroit deux statues en marbre, et quatre tableaux. Il est encore une première raison de cette distribution, c'est que les artistes qui exercent les plus hauts genres des arts, trouvent, par la nature et la mesure de leurs ouvrages, beaucoup moins d'occupations. L'on doit ensuite bien se convaincre de cette vérité déja développée plus haut, qu'en fait d'art on n'aura le moins que lorsqu'on aura le plus. Ainsi les statues et les

tableaux de genre, qui semblent plus analogues aux sujets nationaux, n'acquerront la perfection dont ils sont susceptibles, qu'autant que la nation favorisera le développement de tous les efforts du génie, par l'exercice des sujets qui exigent les plus hautes conceptions. L'expérience du passé nous en donne la preuve ; les meilleures figures des grands hommes français, (qui ne sont que des statues de genre), ont été produites par les artistes qui s'étoient le plus distingués par des ouvrages nus, et par des conceptions d'un genre plus relevé.

L'autre moitié de la somme applicable à l'encouragement des artistes, se répartiroit aux différens genres qui dépendent moins directement de l'imitation du beau idéal. Les sujets nationaux prendroient nécessairement la plus grande partie de cette somme. Dans l'hypothèse d'un prix égal pour ces sujets, et que ce prix fût le même que celui qui a eu lieu jusqu'à ce jour, c'est à dire, dix mille livres par chaque statue, et six ou quatre (selon la différence de mesure) par chaque tableau, il resteroit un excédent qu'on pourroit porter de dix à vingt mille livres, et qui seroit applicable à l'encouragement de certaines parties des arts qui, jusqu'à ce jour ont été privés de cet aiguillon.

Il faut, dans l'opinion qu'on doit prendre des ouvrages de l'art, se garder autant de cette estime sans proportion, qui affecte pour tous les genres les plus inégaux une égale mesure de faveur, que d'une prédilection exclusive pour les uns aux dépens de tous les autres. La haute estime que méritent les genres supérieurs, ne doit pas entraîner l'insouciance des genres subalternes. Je vois donc, qu'il est peu de genres dans la peinture qui ne puissent et ne doivent prétendre à une mesure quelconque d'encouragement. L'on en devra donner aussi aux graveurs en pierre dure, classe trop négligée en France jusqu'à ce jour, aux graveurs en medaille dont le talent intéresse de si près la gloire d'une nation. Quant à la gravure proprement dite, il semble que le tort qu'elle a fait à la peinture dont elle a pris la place dans tous les appartemens, et que les ressources de négoce qui sont attachées à ce genre d'art, devroient moins intéresser en sa faveur: cependant l'intérêt du commerce exigeroit seul qu'on protégeât cette branche d'industrie, et l'état de foiblesse où elle est tombée, prouve encore de quelle manière on doit l'encourager. La mesquinerie du goût moderne, les frivolités, pour ne rien dire de plus, qui depuis long tems ont si fort dégradé le burin de nos graveurs, exigeront qu'on porte vers des modèles plus nobles, les efforts de leur imitation, et cela seul suffiroit pour solliciter en leur faveur une portion quelconque d'encouragement.

Je n'ai parlé que de la dispensation générale des encouragemens. Maintenant je voudrois dire de quelle manière leur application particulière devroit avoir lieu dans la répartition qui s'en feroit.

Je crois, en laissant de côté tous les petits moyens d'exécution qu'il seroit trop long de dire, que l'application des encouragemens, pour produire tous les bons effets qu'on en doit attendre, devroit se faire en partie aux artistes, et en partie aux ouvrages. Voici ce que j'entends par cette distinction que j'ai déja indiquée plus haut.

Application des sommes d'encouragement.

Il sera nécessaire que la plus grande partie de la somme d'encouragement s'emploie en commande de travaux, parce que, sur-tout dans les genres les plus relevés des arts, genres qui sont aussi les plus dispendieux, on doit peu compter sur les avances que l'espoir d'un succès incertain pourroit faire hasarder aux artistes. Cependant il seroit dangereux et même impolitique d'ôter à l'ambition des uns, aux efforts de quelques autres, la perspective de les voir couronnés par un succès lucratif. Cette perspective peut seule devenir un stimulant dont on ne doit pas priver l'émulation. Je proposerois donc de fixer une somme destinée à acquérir les ouvrages que le desir de la réputation peut porter les artistes à entreprendre gratuitement. L'on ne sauroit dire combien cette espérance seroit capable de produire d'ouvrages, et combien peut-être cette ardeur de vaincre et d'obtenir un prix plus-glorieux, seroit capable de porter les ouvrages qui en seroient le fruit, au-dessus de ceux qui, commandés d'avance, mettent en quelque sorte le prix à l'entrée de la carrière, et assurent la couronne avant le combat. Quiconque connoîtra l'influence de la gloire et de l'intérêt réunis sur les hommes, conviendra qu'il est peu de disposition où ces deux grands mobiles puissent agir avec plus d'efficacité que dans celle que je viens de présenter.

La répartition doit être le résultat des concours.

Les encouragemens, soit qu'ils s'appliquent aux ouvrages, soit qu'ils se décernent à l'artiste pour lui donner les moyens d'en produire, offrent des difficultés dans leur répartition. Ils supposent un choix à faire, des jugemens à prononcer, et parconséquent de juges à instituer.

Tant que la somme d'encouragement pour les arts, fut le résultat de la libéralité du monarque, qui seul disposoit de tous les fonds de l'état, e de leur emploi, sa répartition et son application s'en fit en son nom, et par l'entremise de son ministre en cette partie. En général ce genre d'adjudication a une sorte de caution de son impartialité dans l'opinion publique dont la voix dénonceroit bientôt l'injustice des choix. Il est peu revenu de plaintes en ce genre aux oreilles du public. Il est même notoire que les plus grands talens ont eu toujours part à ces encouragemens, et si quelquefois la faveur a excité des murmures, ces murmures ont peut-être plus qu'on ne pense, été ceux de la jalouse médiocrité. Aujourd'hui que l'opinion publique a cent langues et cent voix, aujourd'hui que le roi ne seroit que le dispensateur d'une somme dont il ne seroit point le donateur, peut-être trouveroit-on encore moins d'inconvéniens à lui laisser faire une répartition qui exigeroit, pour être bien faite, un dénuement total d'intérêts et de passions. Mais ce mode, sujet aussi à quelques dangers, éprouveroit trop de contradictions dans le système d'une institution qui exige des titres de mérite, à l'abri de toute censure, et même de tout soupçon. Il est constant que l'élection libre produit cette sauve-garde, et que ce choix fait par les concurrens même, sembleroit prévenir toutes les objections.

D'un autre côté cette répartition faite par les concurrens eux-mêmes, auroit plus d'un inconvénient.

D'abord elle nous rameneroit à ces assemblées populaires que nous avons trouvé n'être qu'une image abusive de ce qui se passe dans l'ordre politique , (car on se doute bien que ces encouragemens ne deviendroient pas le patrimoine exclusif d'une classe privilégiée). Le nombre des concurrens étant indéfini, procureroit une assemblée dont le caractère ne pourroit jamais être susceptible d'une action uniforme , et où les ignorans par le nombre , acquerroient une funeste influence.

Et puis l'application des encouragemens à tel ouvrage ou à tel artiste, n'étant et ne devant être que le prix des vainqueurs à un concours , il me semble que l'on s'égare , lorsqu'on veut que les concurrens se jugent eux-mêmes, car il est évident qu'ils deviennent juge et partie.

On ne voit pas que dans les pays où la démocratie la plus pure avoit fait naître toutes les institutions favorables à la liberté et à l'égalité, et où parconséquent les concours furent très-multipliés , on ait transporté à leurs jugemens, les principes sur lesquels se fondoient les élections des magistrats. Les Grecs avoient établi des prix pour tout, pour les combats gymnastiques comme pour ceux du génie et du talent. Mais par-tout aussi il y avoit des juges établis; il y en avoit pour les concours du théatre, pour ceux de la musique, pour les jeux du stade ; et jamais les combattans, qui souvent murmuroient des jugemens qui leur étoient contraires, n'imaginèrent de s'en attribuer le droit. Je n'imagine pas qu'il faille prendre la peine de prouver que la première qualité d'un juge étant l'impartialité, cette condition ne sauroit plus exister dans ceux qui seroient appelés à se juger eux même.

En vain diroit-on que chaque contendant, sans même lui supposer un dénuement impossible de passion, peut juger quel est l'ouvrage qu'il trouve, après le sien, le meilleur et que c'est de cette réunion de jugemens que naîtra la vérité ; je réponds que de tels jugemens dépendant de l'empire du goût ne peuvent résulter que de rapprochemens, de comparaisons, de discussions, dont les suites pourroient être fort dangereuses, si elles se faisoient par les parties intéressées et que le moindre inconvénient de ces jugemens seroit peut être d'être interminables.

Si donc c'est aux concours toujours ouverts dans les expositions publiques, que doivent se décerner les encouragemens, il est clair que les contendans ne pouvant être admis à se juger eux-mêmes, il faut un autre mode pour cette répartition.

Je ne crois pas que ce mode doive être

en ce genre, différent de celui que nous avons indiqué pour les concours extraordinaires. C'est-à-dire, qu'il faudra avoir un petit nombre de juges les plus désintéressés qu'on pourra trouver. L'office de ces juges consistera à recueillir les suffrages du public, et à déclarer quels sont les ouvrages ou les artistes qui leur paroîtront avoir droit à l'une des deux sortes d'encouragemens qu'on a distingué plus haut.

Ce mode de jugement sera d'autant plus indispensable encore, d'après la limitation plus resserrée des places académiques, d'après la liberté d'exposition publique en un même lieu, et l'égalité de droit que tous doivent avoir aux encouragemens ; il importe sur-tout que le nombre des juges soit assez borné pour que de telles opérations, qui devront se répéter souvent, ne soient pas sujettes à trop de lenteur.

Les juges seront choisis par l'académie, dans le nombre de ceux qui n'auront point eu de part aux concours, ou parmi ceux qui ayant exposé des ouvrages, mais déjà en possession de quelques travaux d'encouragement, seroient dans l'obligation de laisser pour cette fois la carrière libre aux autres.

Une des conséquences les plus dangereuses

du système actuel de l'académie et une des
causes du despotisme d'opinion qu'elle exerce,
et par lequel elle parvient à concentrer dans l'in-
vestiture académique tous les vœux de l'ambition,
tous les efforts du talent, est cette prérogative, qui
jusqu'ici à réservé pour ses seuls adeptes les
récompenses et les encouragemens. Ceux qui
ne comprendroient pas bien toute la nature de
ce danger dont on a déjà parlé par rapport au
goût, comprendront sans doute le ridicule et l'injustice qu'il y auroit de faire des encouragemens, le privilège exclusif d'un certain nombre d'hommes, d'attacher cette faveur à un
titre et d'en frustrer quiconque ne voudroit
d'autres titres que ceux du talent. Mais dans
le nouvel ordre de choses que nous proposons,
la justice comme l'opinion s'accorderon t encore
plus à repousser une telle dispensation. Il faudra
donc que la moitié de cette réparation puisse
faire l'espoir de ceux qui sont hors de l'académie.
La manière de parvenir à cette égale distribution sans acception de titre, sera d'adjoindre
aux juges nommés par l'académie, un nombre
égal d'autres juges pris hors de son sein, et
qui réuniront les mêmes conditions apparentes
de désintéressement et d'impartialité.

La nation, en faisant les frais de ces encouragemens, se propose deux fins, l'une de fournir
aux hommes qui donnent de grandes espérances,
le moyen de les réaliser, l'autre de mettre à
contribution, pour sa gloire, les talens con-
sommés qu'elle a fait naître. Ce double point
de vue fixera les considérations des juges qui
auront souvent à combiner leurs jugemens de
l'appréciation des ouvrages seuls, et de celle
des artistes indépendamment des ouvrages qu'ils
auroient exposés.

Je ramène donc l'application et la distribution des encouragemens à cette idée qui doit
en simplifier le mode comme l'esprit, savoir
qu'ils doivent devenir et être constamment les
prix d'un concours. Cette idée doublera les
effets de l'émulation, et aura le grand avantage
de donner à cette institution une base noble et re-
levée, hors de laquelle, elle sembleroit trop rentrer
dans un ordre de choses mercenaire et peu digne
de son objet.

Quant aux juges, il faudra bien s'attendre
que leurs décisions feront souvent des mécon-
tens, il ne faut pas se dissimuler non plus que
ces décisions comme dans toutes les affaires
humaines étant sujettes à l'arbitraire, quelques-unes
pourront offenser l'opinion pnblique. Cepen-

dant si l'on fait attention qu'il n'existe pas , dans les choses les plus importantes de la vie , d'autre manière de décision ; si l'on prend la peine de considérer que le scrutin du public aura déja préparé les choix , et que les juges chargés de cette fonction délicate trouveront un travail plus qu'ébauché , que leur honneur dépendra de leur impartialité ; on conviendra que les inconvéniens qui resteront, seront non ceux de l'institution proposée , mais ceux de la nature humaine.

Je ne dirai point ici quelles seroient les formules de pareils jugemens. Je me contenterai de dire que ceux qui auront obtenu les prix seront inscrits sur une liste rendue publique, et où s'inscriront à mesure tous ceux qui successivement y auront part , avec la désignation de l'ouvrage commandé ou de l'ouvrage acheté. J'ajouterai encore que, parmi les ouvrages commandés, il en faudra distinguer de deux sortes ceux dont le sujet pourra être laissé au choix de l'artiste , (cela regarde sur-tout ceux qui professent le genre appellé historique) et ceux dont le sujet sera prescrit , cela s'appliquera sur-tout aux tableaux de genre.

CHAPITRE V.

De la manière d'intéresser la nation entière aux sacrifices qu'exige l'encouragement des arts.

Si tout ce que j'ai dit de la co-relation des arts du dessin avec ceux de l'industrie et le commerce national, est évident en fait comme en principe, il devroit être bien superflu de chercher à produire de nouveaux motifs qui puissent intéresser la nation aux sacrifices pécuniaires qu'exigera l'encouragement de ces arts. Cependant il faut l'avouer, cette correspondance ne se saisit bien que par le raisonnement ; elle frappe l'esprit plus que les yeux, et puis chaque individu apperçoit plutôt la somme totale à laquelle il contribue, que la portion presqu'insensible de bénéfice qui lui en revient. Il est sur-tout une classe trop nombreuse, qui, par la nullité de ses moyens de jouissance, ne participe presqu'en rien à cette répartition d'avantages.

Il faut avouer encore que si de la somme d'encouragemens, il résulte deux produits, l'un moral qui consiste dans le perfectionnement de l'industrie et des facultés nationales, l'autre matériel et sensible, qui consiste dans les ouvrages ou monumens payés des deniers publics, il y a de l'injustice à ne point faire participer à la répartition de ces monumens toutes les parties de l'empire qui ont contribué de leurs deniers à leur confection.

Jusqu'ici le systême, qui tendoit à faire de la capitale une excrescence monstrueuse dans le corps politique, a voulu y entasser tous les produits des arts, et toutes les curiosités propres à y attirer une population démesurée. Aujourd'hui que l'empire a acquis l'unité, qui seule fait une nation, l'on doit bien vouloir que la capitale soit un centre commun, un foyer général d'industrie, mais on doit vouloir aussi que semblable à l'office que fait le cœur dans l'organisation physique, l'action de la capitale tende à faire circuler et renvoyer jusqu'aux dernières extrêmités de la machine politique, tous les principes de vie, et toutes les jouissances de l'industrie.

On tireroit de ceci une funeste conséquence pour le succès des arts, si par esprit de jalousie, l'on pouvoit prétendre à distraire de la capitale au profit des provinces, une partie des encouragemens qu'on sollicite : si les capitales sont utiles à quelque chose , c'est sur-tout à l'exercice des arts. Ceux-ci ont besoin d'un grand foyer de chaleur pour germer et prospérer ; ils ont besoin d'être soutenus par un concours de causes qui ne se rencontrent que dans les grandes villes : loin de nous donc l'idée d'en éparpiller les germes sur une vaste superficie, où l'isolement seul les feroit sécher et bientôt disparoître. C'est dans la capitale que doivent aussi abonder toutes les ressources d'instruction, tous les recueils de modèles et d'exemples qui en seconderont l'action. Mais il faudra bien distinguer ces modèles, des ouvrages payés par les deniers de toute la France, et qui doivent se répartir dans toute son étendue, pour rendre aux contribuables le produit de leurs avances.

Le projet que je vais proposer, en établissant cette juste répartition, est encore le seul qui puisse jetter dans toutes les parties de l'empire les semences du goût, et les préparer à essayer une culture, qu'il ne faut pas désespérer de voir un jour devenir générale, mais qui, dans l'état actuel, ne sauroit s'y entreprendre sans témérité, et sans courir le risque d'appauvrir gratuitement la capitale. On a déja la preuve de ceci par tous les essais d'académie d'arts fondées dans quelques

villes

villes de province, et mortes, si l'on peut dire, en naissant.

Puisqu'il est certain que toutes les parties de l'empire contribuent à la somme d'encouragemens qu'exigent les arts, il est de stricte justice que les produits de cette somme retournent à toutes les parties de l'empire.

Je proposerois donc qu'au lieu d'entasser dans des magasins ou dans des galeries, qui par la disparité des objets ne s'éloigneroient guères de l'idée de magasin, tous les ouvrages résultans de cette contribution nationale, on les renvoyât successivement dans tous les départemens de la France.

Quelque grande et belle que puisse paroître l'idée de ce *musæum*, à perte de vue, qu'on nous fait attendre depuis si long-tems, j'ai beaucoup de doutes sur l'effet que devra produire cette cumulation de tant d'objets dans un même lieu ; mais je n'en ai aucun sur la disconvenance de ce local avec les effigies de nos grands hommes qui figureroient comme simple objet de curiosité, tantôt entre des vases et des bronzes, tantôt entre des figures d'étude et des colonnes précieuses, tantôt entre des tableaux d'histoire et des sujets de genre. Quel singulier rapprochement pourroient produire la statue de

L

Paschal et une Vénus du Titien, l'effigie de Montesquieu et des carricatures de Calot ! Il n'y a point de doute que ces statues élevées à la vertu et au mérite, perdroient là presque tout leur prix.

Les nations peu habituées aux arts, ou négligent les monumens, ou les conservent avec un soin qui tend à les en priver elles-mêmes ; à-peu-près comme on voit les enfans briser leurs bijoux ou n'oser s'en servir. Il ne faut ni négliger ni serrer les ouvrages de l'art; il faut savoir en user. Je voudrois que toutes ces statues des grands hommes fussent dans des places publiques. Ces monumens biens différens de ceux que l'art prend pour ses modèles, sont faits pour prêcher l'amour de la vertu et de la gloire. Ne craignons donc pas de rendre ces leçons trop publiques ; je voudrois qu'elles devinssent encore plus générales dans la nation.

Au lieu donc d'en concentrer l'effet dans la capitale, renvoyons chacun de ces grands hommes dans le pays qui l'a vu naître. Que Château-Thierry puisse embrasser de nouveau son ami la Fontaine; que la ville de la Haye (en Touraine) apprenne en revoyant Descartes, qu'elle donna naissance au fondateur de la philosophie en France. Je voudrois de même que tous les tableaux patriotiques, tous les sujets nationaux

que traitera la peinture ne soyent pas condamnés
à amuser dans une galerie la critique des amateurs. Que le tableau du siège de Calais, aille
donc sur les frontières d'une république voisine
entretenir, dans la ville qui regarde l'Angleterre,
le feu de ce patriotisme qui est le plus sûr rempart des états. Que le tableau de Calas aille à
Toulouse faire expier à cette ville les égaremens
de la justice et lui faire détester les fureurs du
fanatisme.

Pour donner au projet en question toute la
réalité et toute l'importance qu'il mérite, on écri-
roit à tous les départemens de la France, pour
que chacun eût à fournir une liste des grands
hommes qu'ils ont produits, de ceux qui se sont
rendus recommandables, ou par des vertus écla-
tantes, ou simplement par une continuité de vertus
modestes, qui font la perfection du citoyen,
ou par des talens distingués, ou par des entreprises utiles; on exigeroit encore d'eux un recueil
de tous les évènemens remarquables qui s'y sont
passés, de tous ces faits particuliers qui vont se
perdre dans l'océan de l'histoire, de tous ces
traits que la peinture aime à reproduire, et qu'elle
seule sait si bien chanter.

Tous ces sujets réunis feroient le répertoire inépuisable des artistes. Une seule formalité seroit

préalable au choix que l'académie en feroit, ou
pour mieux dire, à leur repartition, ce seroit
la sanction que donneroit l'assemblée nationale
à ce choix intéressant : mais cette approbation
donnée, il n'y auroit plus ou que l'ordre alpha-
bétique, ou que le sort, ou que la prédilection
des artistes qui décideroient de l'ordre dans lequel
tous ces sujets se traiteroient. Les autres dispositions de l'académie consisteroient à régler
la mesure des ouvrages, soit relativement au prix,
soit relativement à l'importance des sujets. Quelquefois la représentation d'un homme pourroit
se réduire à un simple buste ou à un portrait
peint. Tous ces détails se concerteroient entre
les demandes des départemens, les jugemens du
tribunal national, et les sommes applicables.
Mais aussitôt que ces ouvrages auroient paru
aux expositions publiques, ils seroient envoyés
aux chefs - lieux des départemens qu'ils regar-
deroient.

Que la capitale ne craigne pas de s'appauvrir,
en laissant ainsi sortir de chez elle les œuvres
de ses artistes.

D'abord ou je me trompe fort, ou l'effet
d'une telle institution seroit de multiplier extrê-
mement les ouvrages d'arts. Ces statues rendues
publiques, soit au milieu des villes, soit dans les

maisons communes et les lieux d'assemblée, ces tableaux qui retraceront aux yeux, des sujets connus, et des images chéries, feront naître entre toutes les villes, une émulation dont on peut prévoir les résultats. Les municipalités feront des souscriptions pour accélérer leurs jouissances ou les augmenter; et les demandes se porteront nécessairement dans la capitale.

Et puis celle-ci aura bien des droits sans doute aux produits de cette institution; les sujets du genre idéal ou historique, resteront pour la plupart chez elle: quoique selon moi, l'on doive aussi en faire la répartition aux autres grandes villes, où la richesse et le luxe peuvent faire naître le goût des arts.

Le moyen que je propose auroit seul le grand avantage de répandre par-tout ce goût, et d'en jetter les semences sur le terrein qui seul peut le faire germer, le besoin et l'amour de la gloire. Comment espérer que la France puisse connoître et mettre à profit toutes ses ressources en ce genre, lorsqu'à l'exception de la capitale et de deux ou trois villes, le reste de ce pays est dans une nuit profonde sur les arts, lorsque les trois quarts et demi de ses habitans ne sauroient même concevoir l'idée d'une statue, lorsque rien ne peut communiquer le feu du génie à des hommes, qui n'attendent peut - être que l'occasion heureuse qui en feroit jaillir sur eux l'étincelle ?

Si l'on savoit à quels hazards singuliers, à quelles circonstances fortuites ; on a dû le plus souvent le développement des plus hauts talens, combien la vue de quelques saints de village, de quelques bambochades informes, a fait naître de grands statuaires et d'habiles peintres ; certes on trouveroit plus d'utilité que je ne saurois le dire à multiplier et répartir sur un grand terri-toire les ouvrages de l'art. Ce sont des filets tendus au génie, ce sont des amorces préparées aux dispositions naturelles qui sans cela mour-ront inconnues.

Ce projet auroit besoin de plus de dévelop-pemens : on les trouvera dans un autre écrit, ou toutes les dispositions que je viens de pré-senter seront rédigées sous la forme exécutive de statuts et de réglemens. Celui-ci est peut-être déja trop long.

P. S. Je ne doute point que cet écrit n'é-prouve au premier abord beaucoup de contra-dictions parmi les différens partis qui divisent en ce moment les artistes : il me resteroit à démontrer que le système dont je n'ai posé ici que les principales bases, accordera tous les intérêts et seroit de nature à faire taire toutes les passions.

C'est ce que je compte faire dans un nouvel écrit rédigé en formes de statuts et de règlemens, où l'on verra que tous ceux qui ont et sont quelque chose dans le régime actuel que je combats, continueroient d'avoir ce qu'ils ont et d'être ce qu'ils sont, en appellant cependant aux mêmes avantages tous ceux des artistes qui n'ont rien et qui ne sont rien.

Le plan que je me propose de développer sous cette nouvelle forme, rassemblant, dans leur juste mesure, tous les bienfaits de la liberté, et d'une égalité bien entendue donnera à ceux qui n'ont point, sans rien ôter à ceux qui ont. Quand la justice et l'égalité peuvent s'établir de cette manière, ce seroit le propre d'une démence respective, d'en repousser l'établissement salutaire et pacifique. Tout en ne cherchant que le vrai et le juste dans le système que j'ai proposé, je trahirois ma pensée, si je n'avouois que je me suis applaudi souvent de la facilité avec laquelle de grands changemens pourroient s'opérer dans l'institution en question, sans enlever à personne ni l'avantage dont il jouit, ni même cette existence idéale, qui, pour reposer sur les vapeurs de l'opinion, n'en est pas moins un bien, sur-tout pour ceux qui n'en auroient aucun autre.

FIN.